特別支援教育サポートBOOKS

「見方・考え方」を働かせる特別支援教育の授業づくり

新井 英靖 編著

茨城大学教育学部附属特別支援学校 著

明治図書

はじめに

　平成29年に公示された特別支援学校学習指導要領は，従前の学習指導要領から多くの点が改訂されました。そのなかでも，最も象徴的な改訂は，「育成すべき資質・能力」を明確にした点です。

　これは，今後，人工知能（AI）の発達などにより，10年後や20年後の社会がどのようになるのかを予測できない時代が到来したことを前提にして，将来，どのような時代になっても活用することができる「資質・能力」を身に付けることが求められていることが背景にあります。そして，学習指導要領では，こうした「資質・能力」を育成するために，各教科の指導で「見方・考え方」を働かせることが重要であると指摘されました。

　こうした学習指導要領の改訂は，知的障害児教育においても大きなインパクトを与えました。知的障害児教育では，従前から生活単元学習や作業学習を教育課程の中心に据えて実践を展開してきましたが，この改訂により，多くの知的障害特別支援学校で，各教科の授業づくりに本腰を入れて取り組みはじめています。

　もともと，知的障害児の教育では，「主体的・対話的」に授業づくりをしてきたので，教科学習中心の教育課程になったとしても，今後も，「楽しく」「わいわいと」学習できるように授業が展開されると考えています。しかし，知的障害児に対する教科指導において，どのようにしたら「深い学び」を実現できるのか，あるいは，各教科の「見方・考え方」を働かせることができるのか，という点については大きな実践課題となっています。特に，これまでの知的障害児教育では，「生活に必要な力」を育成してきましたので，知的障害児に対する教科学習を展開するときに，「見方・考え方」を働かせる授業をするように求められても，どのように行えばよいのかわからないこと

も多くあると思われます。

　そこで，本書では，知的障害児に対する各教科の「見方・考え方」のポイントをわかりやすく解説しようと考えました。特に，国語科や算数科・数学科について詳しく述べながら，生活科・理科・社会科，音楽科・美術（図画工作）科，職業・家庭科・保健体育科・外国語科の各教科の「見方・考え方」についても理解できるようにしました。

　また，知的障害以外のさまざまな障害特性が，各教科の「見方・考え方」を働かせる際にどのような困難が生じるのかという点についても記述しました。それは，現在の特別支援教育では，多様な障害特性をふまえて個々の子どもに対応することが求められているからです。こうした情報をもとに，障害のあるすべての子どもたちの個に応じた教科学習の方法を検討していくことが必要であると考えます。

　本書の執筆を通して見えてきたことは，「見方・考え方」を働かせる教科学習を展開するためには，教師の「発問」がとても重要であるということです。つまり，教師が授業のなかで各教科の「見方・考え方」を教えるのではなく，子どもが主体的に学ぶなかで，各教科の「見方・考え方」が働くように問いかけることが，子どもの思考を深めていく授業であると考えます。そのため，本書では，教師が子どもに問いかけるシーンを吹き出し付きのイラストにして，子どもと教師の対話を解説する箇所を随所に紹介しています。本書を参考にして，多くの学校現場で「主体的・対話的で深い学び」を実践し，子どもが教科学習の楽しさと深さを追究していくことができる授業づくりの一助となれば幸いです。

執筆者を代表して　新井　英靖

目 次

第3章

算数科・数学科の「見方・考え方」を働かせる授業づくり

第4章

生活科・理科・社会科の「見方・考え方」を働かせる授業づくり

第5章
音楽科・美術（図画工作）科の
「見方・考え方」を働かせる授業づくり

第6章
職業・家庭科・保健体育科・外国語科の
「見方・考え方」を働かせる授業づくり

第 | 章

各教科の「見方・考え方」と育成を目指す資質・能力

1 主体的・対話的で深い学びと 各教科の見方・考え方

1 現在の学習指導要領で求められている資質・能力

　平成29年4月に公示された特別支援学校（小学部・中学部）学習指導要領では、「主体的・対話的で深い学びの実現に向けた授業改善」が求められました。このなかで、知的障害児に対する授業づくりでは、「主体的・対話的な学びについてはイメージがわくが、知的障害児の深い学びの様子がよくわからない」という声が多く出されています。

　もともと、現行の学習指導要領では、現在の生活に必要な力を育成するのではなく、予測困難な将来の社会においても生き抜く力を身に付けるために、「各教科等において身に付けた知識及び技能を活用したり、思考力、判断力、表現力等や学びに向かう力、人間性等を発揮させ」ることが求められています。そして、こうした力を発揮するために必要なことが、「各教科における見方・考え方」を働かせることであると考えられています（『特別支援学校学習指導要領』p69）。

　ここで言う「見方・考え方」とは、「学習の対象となる物事を捉え思考することにより、各教科等の特質に応じた物事を捉える視点や考え方」であると学習指導要領に記載されています。すなわち、各教科等の特質に応じた見方・考え方を働かせることで、「知識を相互に関連付けてより深く理解したり、情報を精査して考えを形成したり、問題を見いだして解決策を考えたり、思いや考えを基に創造したりすること」ができるようになります。こうした学習過程を重視した学習の充実を図り、予測困難な社会においても対応することができる資質・能力を育成することが現在の知的障害児教育でも求めら

れています（『特別支援学校学習指導要領』p69）。

2　表面的な理解から抜け出すための視点と考え方

　このように，各教科をベースとした教育課程へと変化させる理由には，表面的に「できる」とか「わかる」を超えて，物事の本質を理解し，どのような状況においても発揮することができる資質・能力を育成することが必要な時代となったことがあります。これは，現在の生活に必要な力を身に付け，この教室でその力を発揮できればよいという実践から大きく抜け出す必要があるという意味でもあります。

　すなわち，「表面的な理解」から抜け出すために，教科の本質につながる「見方・考え方」を働かせることができるようになることが求められています。もう少し，実践的に言うならば，ある物事を目の前にしたときに，「これは〜だ」と簡単に結論づけるような学びではなく，「こちらの視点から見つめると〜にみえる」とか，「あの人はこういうやり方をしていたけど，そのほうがうまくできるのかな……」など，試行錯誤や他者との協働のなかで思考や表現が発展していくように授業を展開する必要があります。

　そもそも，いろいろな角度から物事を見つめる視点（見方）や，他者と協同的な学びを繰り広げながら物事を深く考える力（考え方）は，知的障害児の授業づくりのなかにどのように含まれているのでしょうか。そこで，本書では，「主体的・対話的で深い学び」を実現するべく特別支援学校の授業改善を進めていく際に，「見方・考え方」をどのように働かせ，どのような資質・能力へと結び付けていく必要があるのかという点について，教科の特性をふまえながら整理して示していきたいと考えます。

【文献】文部科学省．『特別支援学校幼稚部教育要領　小学部・中学部学習指導要領（平成29年4月公示）』．

2 知的障害のある子の特性と
各教科の見方・考え方

1 知的障害のある子への教育の新しい実践課題

　これまで知的障害児の教育では，生活単元学習や作業学習といった「各教科等を合わせた指導」が多く行われてきました。この実践が主流であった背景には，「学習によって得た知識や技能が断片的になりやすく，実際の生活の場面の中で生かすことが難しい」といった知的障害児の「学習上の特性」が関係していました（『解説各教科等編』p26）。

　もちろん，21世紀になったからといって，知的障害児のこうした特性がまったくなくなるということはありませんので，引き続き，こうした特性を前提にした教育を展開していく必要があります。しかし，だからといって従来と同じ実践をしていればよいということにはなりません。

　すなわち，知的障害児の特性は大きく変わることはなくても，従前と同じく「実際の生活」に即した体験的な学びだけでよいというわけではありません。そうではなく，将来，どのような社会になっているのか誰も予測できない時代になっていることをふまえて，知的障害児の授業においても物事を深く学び，変化に対応できる思考力や判断力，表現力等の育成が不可欠です。

　これは，障害特性から「深い学び」や「思考力・判断力・表現力等」を育成することが難しい知的障害児だからこそ求められている指導なのではないかと考えることもできます。つまり，「見方・考え方」を働かせる授業を展開しようと意識することで，これまで知的障害児には難しいと考えられてきた教科学習の展望がひらけるのではないかと考えます。

2 「見方・考え方」を働かせる教科学習の必要性

　それでは，各教科の「見方・考え方」を働かせる学習とはどのようなものでしょうか。たとえば，国語科（言葉による見方・考え方）を例にして考えてみましょう。

　国語科の時間に教師が子どもからいろいろな表現を引き出そうとして，りんごを題材にして「あれはどんな食べ物ですか？」と子どもに尋ねたとします。しかし，その子どもがそれまでの学習で，絵カードを見せられてその名前を言う学習しかしてこなかったら，「りんごです」としか答えられないでしょう。

　これは，知的障害児がさまざまな生活経験のなかで「りんご」について知る機会があっても，「知識が断片的になりやすい」ために，名前だけしか十分に理解できていなかったことが背景にあると考えられます。こうした実態の子どもだと，生活単元学習の時間に「スーパーに買い物に行ってりんごを買う」というような実際的な学習をしても，やはり「りんごはどんな食べ物であるか？」という問いに対して深く考えて，表現することは難しいと考えられます。

　この状態から抜け出すためには，「教科」の学びが必要です。すなわち，教科学習であれば，取り上げる題材について，教科の視点から考える「問い」が与えられ，教師や友達との対話のなかで，徐々に思考を深め，表現を多様にしていくことが可能です。

　たとえば，「りんご」を取り上げる場合にも，授業のなかで「りんごは何色のものが多いですか？」とか，「どんな味がしましたか？」といった「見方・考え

あれはどんな食べ物？

「りんご」でしょう

方」を広げる「問い」を教師が用意して授業を進めることと思います。そうしたなかで,「りんごの味は甘かった」という友達の意見を聞いたときに,「自分が食べたりんごは酸っぱかった。青りんごだったからかな……」などというように, 対話のなかで理解を深め, 表現を広げていくことができるようになります。

3 実際の生活経験から抜け出して学ぶ教科学習の重要性

これが算数科・数学科の授業であれば,「りんごを三つ買う」というような課題が出され,「りんごの特性（国語科）」ではなく,「りんごの数（算数科・数学科）」に視点を切り替えて思考することになります。もちろん, こうした課題であれば, 生活単元学習で行っている「スーパーにりんごを買いに行く」という設定は合理性のある学習と言えるかもしれません。

しかし, 生活単元学習では,「本物の生活を実際的に学ぶ」ことが重視されるため,「りんごを三つ持ってくる」ということだけでなく,「お金を払って, お釣りをもらってくる」といった一連の買い物学習を総合的に学ぶことが多くなります。そうした学習では,「三つ」という視点（見方・考え方）をもてるようになる前に,「レジでのお金の出し方」や「お釣りを忘れずにもらってくる」といった「買い物のしかた」を学ぶことが中心となります。

このように,「本物の生活を実際的に学ぶ」ような学習の場合, 教科の見方・考え方に焦点化することが難しくなることが多くあります。そのため, 生活単元学習のような学びでは, 知的障害児は,「買い物」に必要な一連の行動を学ぶことにとどまり, 言葉や数に関する見方・考え方を十分に働か

買う物をレジに持って行く

お釣りもちゃんともらわなきゃ

りんごを三つ買う

せて考えることができていない学習が多くなります。

　これは，教師が意図的にその教科の見方・考え方に焦点があたるように教材や授業展開を考えることが必要になるということでもあります。たとえば，「りんごを三つ買う」という課題のときに，算数科・数学科の授業ならば「三つとはどういうことか？」という点に焦点をあてること＝「見方・考え方」を働かせることができるように教材や授業を考えなければなりません。すなわち，「二つ」ではなく，あるいは「四つ」でもない「三つのりんご」を持ってくるために，確信をもって判断できるような授業を展開することが算数科・数学科の時間に必要です。

　この点に焦点をあてて授業づくりをするのであれば，子どもがスーパーで「買い物をする」よりも，教室のなかでごっこ遊びを通して，子どもがお店の店員になり，「注文を受けて三つのりんごを箱に詰める」という活動のほうがよいかもしれません。もちろん，生活単元学習でも「お店の店員になろう」という学習を展開することはできますが，生活単元学習では，「箱に三つ詰める」ということだけでなく，「お客さんに品物を渡す」ことや，「お客さんからお金を受け取る」というような「一連の学習活動」が用意され，そちらのほうに意識が向く可能性もあると考えられます。

　このように，「実際の生活場面」を教材にして学習単元を計画したとしても，必ずしもそのなかに各教科の「見方・考え方」を働かせる場面を十分に設定できるかどうかはわかりません。一方で，教科学習として授業を展開する場合には，その教科の「見方・考え方」が働くような教材を用意し，そこに焦点化された学習活動を授業のなかに組み入れることができます。こうした意図的な授業設計（あるいは学習指導案の立案）をするなかで，知的障害児が苦手とされている深い学びや知識・技能の社会的活用ができるようになるのです。

3 各教科の見方・考え方を働かせる
学習指導案と学習評価

1 「見方・考え方」を働かせるための実態把握と目標設定

⑴国語科の資質・能力を育成する視点で実態を把握する

　それでは，各教科の学習において，授業に参加している子どもが見方・考え方を働かせて，深い学びに至る授業設計（学習指導案の立案）の方法についてみていきたいと思います。

　まず，学習指導案を立案する際に子どもの実態を把握し，その授業における目標を設定するときのポイントについて考えていきます。このとき，各教科の見方・考え方を働かせるためには，子どもの実態や授業の目標を各教科で育成すべき資質・能力から導き出しているかという点が重要となります。

　たとえば，生活単元学習や日常生活の指導の延長線上に「国語科」の指導を位置付けている実践では，「あいさつの言葉を言うことができる」といった目標を立てて授業が行われることもありました。こうした「生活に必要なスキル」を取り上げて授業を行う場合には，その教科の「見方・考え方」を働かせなくても達成できるので，「実際の場面を繰り返し練習する」という授業設計で十分です。

　一方で，国語科の授業を担当する教師が子どもの実態をていねいにみて，将来のこともふまえて「音声を模倣したり，表情や身振り，簡単な話し言葉などで表現したりする」ことが当面の目標であると考えたとします（**特別支援学校学習指導要領；国語科・小学部1段階〔思考力・判断力・表現力等〕A聞くこと・話すことア：『解説各教科等編』p85**）。こうした実態把握に基づき，授業の目標を立てたときには，紋切り型の表現（「これください」等）だけを繰

り返し練習するような授業では不十分であり，子どもが話を聞いて，その内容をイメージし，そのうえで表現したいことを身振り等で伝えることができるような教材が必要です。

　このように，国語科のねらいである「言葉による見方・考え方」を働かせる授業を行うには，生活に必要な言葉を取り上げて指導するという発想ではなく，国語科の資質・能力を育成するという視点で子どもの実態を把握し，それを目標にすることが重要となります。

⑵三つの柱から目標を立てる

　資質・能力を育成するという視点から教科の目標を設定する場合には，「知識及び技能」だけでなく，「思考力，判断力，表現力等」と「学びに向かう力，人間性等」を含めて三つの観点から検討することが重要です。

　たとえば，国語科の目標には，「言葉が事物の内容を表していることを感じること」なども含まれます。もし，国語科の目標が〔知識及び技能〕だけであれば，「りんごをください」と発言している友達や先生の言葉を聞くだけでよいということになります。

　しかし，現在の学習指導要領では，それだけで十分ではなく，「（りんごを買って持って帰りたいという）自分の思い」を『相手に伝えるにはどうしたらよいか』を考え，『こんなふうに言ってみよう』と判断したうえで，実際に，自分なりに身振りなどで表現する学習が求められています。そして，こうした学習を通して，「伝えることの面白さ」を感じたときに（学びに向かう力，人間性等），さまざまな場面で活用する力へと発展し，「人に思いを伝える」という視点（見方・考え方）が広がり，深まっていくのだと考えます。

　このように，学習指導案を立案する際には，各教科の「見方・考え方」を働かせて学びを深めていくことができるように，〔知識及び技能〕に偏重するのではなく，「思考力，判断力，表現力等」と「学びに向かう力，人間性等」を含めた目標を立てることが必要となります。

2　各教科の「見方・考え方」を働かせる教材・教具

(1)学習目標を達成できる教材・教具の選定

　各教科の「見方・考え方」を働かせる授業づくりには，子どもがその教科の本質を捉え，さまざまな課題を深く検討することができるような教材・教具を用意することが重要です。

　たとえば，音楽科の授業で「身近な楽器に親しみながら，楽器の音色の違いを意識して演奏する」という目標を立てたとします（**特別支援学校学習指導要領；音楽科・小学部2段階A表現イ⑦⑷：『解説各教科等編』p153**）。この場合，「楽器の音を出せたかどうか」という点も重要なことの一つではありますが，それ以上に，「楽器の音を出して楽しむ」ことや，「音色の違い」に注目するというように，音楽という教科の「見方・考え方」を意識して授業を展開することが求められます。

　そのため，教師はどの曲（教材）を選び，どのような楽器（教具）を使うと「音楽的な見方・考え方」が働くかという点を考えることが必要になります。たとえば，特別支援学校学習指導要領解説では，小学部2段階の音楽科（表現・器楽）では，「身近な打楽器」として「両手で操作するタンバリン，ウッドブロック，ギロなどの楽器や，音階や和音を鳴らすことができる木琴，キーボードなどの楽器」が挙げられています。

　しかし，これらの楽器を単に鳴らすだけでは音楽科の学習になりません。「音色の違い」を意識することができるのはどの楽器の組み合わせがよいのかという点や，その楽器を両方使用している楽曲で，子どもが親しみをもてるものはあるのかなど，音楽科に関する教材や教具の研究を十分に行うこ

音を鳴らすだけでなく…

音色の違いを感じられる楽器

その楽器が含まれている楽曲は…？

とが課題となります。

(2) 「できる状況づくり」から「挑戦したい状況づくり」へ

　こうした教材研究を進める際に留意しておかなければならないことは，「できるかどうか」という点にあまり固執しないことです。これまでの知的障害児教育では，「できる状況づくり」をして，そのなかでスキルを身に付けていくことが重視されてきました。

　もちろん，自信を失わせるような指導は避けたほうがよいでしょうが，子どもたちは大人が思っているよりも「挑戦したい」という気持ちをもっているものです。たとえば，使ったことのない楽器が登場したときに，ある子どもが「（失敗するのが嫌だから）やらない」と表明したとします。しかし，その授業で他の子どもが楽しく，格好よく演奏している姿を見て，自分もやってみたいと思うような状況をつくれば，はじめて手にする楽器で演奏することも大いに考えられます。

　そして，このような学びのなかで，自分が演奏している楽器の音に注目し，音楽的な見方・考え方を働かせることができれば，音楽科における深い学びに近づきます。

　当然のことですが，この授業の目的は「楽器の音を出す」ことではありませんので，演奏に参加するようになったら，「音色」に注目させ，二つ以上の楽器の音を比べるような学習時間を用意することは重要です。さらに，自分たちの演奏を録画・録音し，それをみんなで聞いて，どの楽器の音がどんなふうに聞こえるのかなど，プロの演奏家たちが実際に行っているような「音色の確認」をすれば，演奏に対する意識がさらに高まるでしょう。知的障害児の教科学習でも，こうした深い教材研究や本格的な学習活動を展開することで，「挑戦したい」という思いが強まり，音楽的な見方・考え方が働くようになるのだと考えます。

3 「見方・考え方」を働かせる授業展開と指導上の留意点

⑴「見方・考え方」を働かせる授業の展開

　教材を深く研究し，適切な教具を用意できれば，各教科の「見方・考え方」を働かせる授業づくりの基盤が整います。授業づくりでは，そのうえに立って，授業展開と指導上の留意点を考えていくことになります。

　具体的には，授業を通して「視点が広がる・深まる」にはどのような展開がよいかを考えることになります。たとえば，前節で例示した器楽の授業であれば，授業の冒頭から子どもたちに楽器を渡して，いきなり音を出すような授業の展開をするのがよいかどうか，検討の余地があります。それは，この授業のねらいはあくまでも，音色の違いに気付き，自分なりの表現を考えるといった「音楽的な見方・考え方」が働く授業の展開を考えることだからです。

　多くの場合，音楽科の授業では「鑑賞」を大切にして，そのうえで「表現」へと結び付けていくような展開を考えます。特別支援学校学習指導要領解説でも，「身近な人の演奏に触れて，好きな音色や楽器の音を見付ける」ことが「鑑賞」に記載されていますが，「好きな楽器の音」を見付けるといった鑑賞の時間があるからこそ，二つ以上の「楽器の音色の違い」を感じることも可能になります（『解説各教科等編』p160）。

　一方で，「音」に着目しすぎて，演奏全体のことを忘れるような授業展開であっては音楽科の本質から離れた学習になります。特別支援学校学習指導要領解説には，「音や音楽に関わり，教師と一緒に音楽活動をする楽しさに興味をもちながら，音楽経験を生かして生活を明るく楽しいものにしようとする態度」を育成すると記載されていますが，「音色の違い」に気付いたうえで，全体の演奏の一部であることも意識できる授業の展開が必要となります。

　以上のような，授業展開を例示すると次ページの図のようになります。

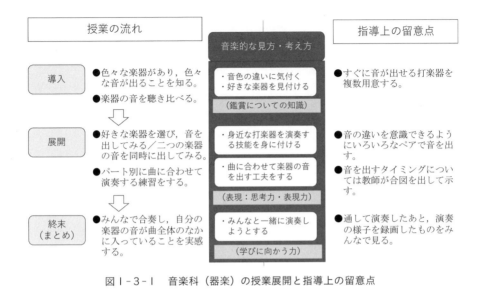

図 I-3-1　音楽科（器楽）の授業展開と指導上の留意点

(2)「見方・考え方」を働かせるための指導上の留意点

　学習指導案を立案し，授業展開を考えると，授業者はどうしても計画した授業の流れに沿って進めようとしてしまいます。しかし，現行の学習指導要領で求められていることは，「何を学んだか」ではなく，「どのような力を身に付けたか」という点です。

　このことをふまえると，学習指導案に記すべき「指導上の留意点」は，授業を円滑に進行できるようにするための手立てだけでなく（例：「音を出すタイミングについては教師が合図を出して示す」），「音楽的な見方・考え方」を十分に働かせることができるようにするための教師の関わりなどをたくさん記入することが重要です（例：「音の違いを意識できるようにいろいろなペアで音を出す」）。もちろん，「通して演奏したあと，演奏の様子を録画したものをみんなで見る」など，自分たちの演奏を多角的にみつめさせる機会をつくることで，「音楽的な見方・考え方」を広げ，深めていくことができるように授業を展開していくことが重要となります。

4 「見方・考え方」を働かせる授業と学習評価

　それでは，最後に「見方・考え方」を働かせる授業づくりと「学習評価」の関係についてみていきます。教科学習においては，「各教科の見方・考え方」を働かせることで，その教科の資質・能力を育成することが目指されています。そのため，授業の中で「見方・考え方」が働いているかどうかという点を評価の視点にしながら，最終的に「子どもに資質・能力が身に付いたかどうか」を評価していくことが求められます。

　たとえば，算数科・数学科（「数と計算」）の時間に「物の個数は，一つ一つ分離して数えないといけない」とか，「数唱はいつも同じ順序である」といった「数学的な見方・考え方」を働かせながら「３までの数」を計算することができるように学習したとします。そうした学習の結果，「『３』までの個数であれば，間違いなく数えられるようになった」のであれば，算数科・数学科で育成すべき資質・能力が身に付いたと言えます。

　このとき，学習評価では，「物の個数は，一つ一つ分離して数える／数唱はいつも同じ順序であることがわかる」という点を評価するとともに，「３までの数を数えることができる」という目標が達成できたと評価すべきです。

　このように，資質・能力を身に付けるために「見方・考え方」が働いているかどうかについても授業のなかで評価していくことが重要です。

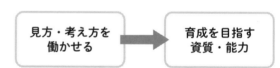

【評価の例】
物の個数は，一つ一つ分離して数える／数唱はいつも同じ順序であることがわかる。

【評価の例】
「３」までの個数であれば，間違いなく数えられるようになってきた。

図1-3-2　見方・考え方を目指す資質・能力の評価

第 2 章

国語科の
「見方・考え方」を働かせる
授業づくり

1 言葉による見方・考え方を働かせるとは？

1 言葉を通して理解や表現を伸ばす

　国語科の授業では，言葉を聞いたり，話したり，書いたり，読んだりする活動が中心となります。しかし，ただ文字をなぞっているだけ，あるいは，用意された言葉を読んでいるだけでは国語を学んでいることにはなりません。

　そうではなく，国語科の学習のなかで注目すべきことは，「言葉による見方・考え方を働かせること」です。具体的には，「言葉を聞いて対象物をイメージする」ことや，「言葉を使って気持ち（意味のあること）を誰かに伝える」ことができるようになるために，言葉を理解し，活用することが言葉による「見方・考え方」であると考えます。

　そのため，国語科の授業づくりでは，言葉を言えたかどうかとか，読めたかどうかといった，表面化する行動に着目するのではなく，言葉の理解と言葉による表現を支えるイメージ（想像力）を育成することが大切であると言えます。

言葉による見方・考え方を働かせるとは……「対象と言葉，言葉と言葉の関係を，言葉の意味，働き，使い方等に着目して捉えたり問い直したりして，言葉への自覚を高めること」です。　　（『解説各教科等編』p79）

2 言葉を三つの領域に分けて育成する

　国語科では，言葉による「見方・考え方」を「聞くこと・話すこと」「書くこと」「読むこと」の三つの領域に分けて指導していきます。ここでポイントになることは，国語科で「言葉の意味」を理解できるようになるために，「話し言葉」を聞いて事物や状況をイメージするだけでなく，イメージしたことを書いたり，本を読んだりすることで想像世界を広げていくように指導していくということです。

　具体的には，以下の表の内容を取り扱いながら，国語科の授業を展開していくことが必要です。これは，単に言葉を使えるようになればよいのではなく，言葉をさまざまな側面から理解することで「見方・考え方」を働かせることができるようになることを目指すということです。

　つまり，言葉に親しみをもち，言葉を使ってみようとすることが大切である一方で，言葉の仕組みや文法などを含めた正しい表現の仕方などについても学ぶことで，言葉を総合的に理解し，活用できるようになることが期待されています。

表 I-2-I　言葉の「見方・考え方」を働かせる授業のポイント

知識及び技能	「言葉の働き」「話し言葉と書き言葉」「語彙」「文や文章」「言葉遣い」「音読」／「伝統的な言語文化」「書写」「読書」
思考力・判断力・表現力等	「話題の設定」「内容の把握」「内容の検討」「構成の検討」「表現」「話合い」／「題材の設定」「情報の収集」「内容の検討」「構成の検討」「記述」「推敲」「共有」／「構造と内容の把握」「考えの形成」

（『解説各教科等編』p78を筆者が抜粋してまとめた）

2 聞くこと・話すことの見方・考え方

1 小学部Ⅰ段階の「聞くこと・話すこと」に関する見方・考え方

　知的障害児に対する国語科の授業では，「たくさん言葉を覚えてほしい」という願いから，どうしても「知識」に関する学習場面が多くなります。特に，小学部Ⅰ段階の子どもの場合は，理解できる単語の数があまり多くないので，事物を見せて，「これは何？」と問いかけ，子どもがその名前を答えられるように教えていく授業をよくみかけます。

　もちろん，こうした指導も国語科の時間には必要であるかもしれません。しかし，言葉による「見方・考え方」を働かせる授業を行うには，必ずしもこの指導が効果的であるとは限りません。

　たとえば，下のイラストのように，「これは何という楽器？」と名前を聞くだけの学習では，子どもが「たいこ」と答えたら，それで学習は終わります。しかし，音楽会で楽しく太鼓を叩いた経験のある子どもにその場面を見せて（ふり返らせて），「この場面で，〇〇さんは何をしているの？」と尋ねたら，子どもは「たいこ」と答えて終わるのでなく，『私はこんなふうに太鼓を叩いたんだ』という思いを相手に伝えようとして，たっぷりの身振

これは何という楽器？

どんなふうに叩くの？
どんな音がする？

たいこ！

りを加えて話してくれることでしょう。

　このように，豊かな体験をしていることはとても重要です。それは，言葉を引き出そうとするならば，誰かに伝えたい思いをもっていることが基本だからです。ただし，体験したことをふり返り，その思いを誰かに伝えるだけでは，国語科の授業としては不十分です。そうではなく，「聞くこと・話すこと」の「見方・考え方」を働かせる国語科の授業を行うときには，「言葉で話してみたい」と思う場面を切り取ることが大切になります。

　つまり，漠然とした音楽会の様子をふり返るのではなく，「たいこ」という言葉に注目するからこそ，音楽会の面白かったことを表現することができるようになることが重要です。特別支援学校学習指導要領では，「聞くこと・話すこと」に関する思考力・判断力・表現力等の目標が以下のように示されていますが，こうした力を身につけていくために，どのような場面を切り取り，イメージさせ，言葉を引き出していくのかという点を教師が考え，意図的に授業を設計していくことが求められます。

「聞くこと・話すこと」の内容は以下の通りです。
ア　教師の話や読み聞かせに応じ，音声を模倣したり，表情や身振り，簡単な話し言葉などで表現したりすること。
イ　身近な人からの話し掛けに注目したり，応じて答えたりすること。
ウ　伝えたいことを思い浮かべ，身振りや音声などで表すこと。
(『解説各教科等編』p85)

2 小学部2段階以上の子どもの「見方・考え方」

　小学部1段階の子どもでも，言葉を聞いて事物や状況をイメージすることができれば，それは言葉による「見方」ができていて，「考える」ことをしていると言えます。しかし，小学部1段階の子どもは，なかなか言葉を発することが難しく，「身振り」などを使って伝えることが精いっぱいのことも多いでしょう。

　一方で，小学部2段階以上の知的能力をもつ子どもになると，言葉を聞いて，より詳細に物事をイメージすることができ，また，言葉を使って表現することができるようになります。そのため，小学部2段階以上の子どもの「聞くこと・話すこと」に関する「見方・考え方」は，「言葉を聞いて，イメージする」ということにとどまらず，言葉による理解と表現をさらに発展させる内容になっています。

　具体的には，小学校2段階以上の子どもには，子どもが「話したい」と思っていること（イメージ）を言葉でつないで表現することができるように，教師の「問い」が重要になってきます。たとえば，子どもが好きな食べ物の写真を選び，それをみんなに見せて，「これは何？」⇒「ハンバーグ」と答えるだけのやりとりで終わるのではなく，「お気に入りのレストランで食べたおいしいご飯」というテーマで話すことなどが「見方・考え方」を働かせる授業であると言えます。

　そのため，教師は子どもが「話したい」と思っていることを上手く引き出すことが重要となり，教師に問いかけられたあと，子どもがその教科の「見方・考え方」を働かせることができるかどうかが重要となります。

　加えて，小学部2段階以上の子

何を食べたの？

どんな味だった？

次は何を食べたい？

どもには，自分が話した言葉が相手にどのように伝わるのかを意識させたり，声の大きさなどを含めて，「言葉の使い方」に着目させることも求められます（下表参照）。これは，豊かな言語活動を用意しながらも，言葉の構造や表現の結果にも意識を向けさせることが，「聞くこと・話すこと」の「見方・考え方」であるからだと考えます。

表2-2-1　小学部2段階・3段階の「聞くこと・話すこと」の目標

小学部2段階の目標	小学部3段階の目標
ア　身近な人の話に慣れ，簡単な事柄と語句などを結び付けたり，語句などから事柄を思い浮かべたりすること。	ア　絵本の読み聞かせなどを通して，出来事など話の大体を聞き取ること。
イ　簡単な指示や説明を聞き，その指示等に応じた行動をすること。	イ　経験したことを思い浮かべ，伝えたいことを考えること。
ウ　体験したことなどについて，伝えたいことを考えること。	ウ　見聞きしたことなどのあらましや自分の気持ちなどについて思い付いたり，考えたりすること。
エ　挨拶をしたり，簡単な台詞^{せりふ}などを表現したりすること。	エ　挨拶や電話の受け答えなど，決まった言い方を使うこと。
	オ　相手に伝わるよう，発音や声の大きさに気を付けること。
	カ　相手の話に関心をもち，自分の思いや考えを相手に伝えたり，相手の思いや考えを受け止めたりすること。
（『解説各教科等編』pp90-91）	（『解説各教科等編』p97）

⑴ 子どもが「話してみたい」と思う話題（テーマ）を探す

　ここまで述べてきたことをまとめると，「聞くこと・話すこと」の見方・考え方を働かせる授業を展開するには，子どもが「どうしても話してみたい」と思うような話題（テーマ）を探すことがとても重要になります。ただし，これは必ずしも実際に体験したことを語ればよいのではなく，言葉を使って事物や状況を深く観察し，自分の思いや考え方が言葉によってより鮮明になるような話題（テーマ）を見つけることが求められます。

　筆者がこれまで参観した「聞くこと・話すこと」に関する教材のなかで，子どもたちがとても関心をもって取り組んでいた例をいくつか挙げると，以下の通りです。

「大好きな〇〇」の すごいところを 話そう	電車が好きな子どもが，お気に入りの車両の模型をみんなにみせながら，この電車はどこを走っていて，どんな走り方をするのかを話す。
スリーヒント クイズを作ろう	自分が大好きな食べ物やキャラクターについて，三つのヒントを作り，クイズにして出題し，みんなで答えを考える。

　このように，国語科の授業だからといって，（「聞くこと・話すこと」の領域では）必ずしも本を読まないといけないというわけではなく，また，体験したことを語らせればよいというわけでもありません。むしろ，学習者が深く知っていることや，言葉をつないで想像を広げられる教材を探し，誰かの話を「聞くこと」と，誰かに向かって「話すこと」のなかで言葉による見方・考え方を働かせるように授業を展開することが重要です。

⑵ 「聞くこと・話すこと」の授業づくりで留意すること

　授業のなかで子どもたちに「見方・考え方」を働かせるために，どのように関わり，指導するかという点も重要です。たとえば，電車の模型をみんなにみせて，この電車のどんなところがすごいのかを「話すこと」を課題にした国語科の授業では，子どもは「この電車は〇〇線です」としか紹介でき

ないかもしれません。これは，その子どもがみんなに電車を紹介するときに「〇〇線」という「見方」しかもっていないからです。

　そこで，教師はその電車を別の見方から捉えさせ，その子どもなりの「考え方」を紹介できるように指導していくことが求められます。たとえば，「その電車はどこまで行きますか？」とか，「どんな人が乗っていますか？」などを子どもに問いかけることで，子どもの電車に対する見方が広がります。もともと，大好きな物であれば，子どもはこうした問いに容易に答えられることが多く，紹介する内容も広がることでしょう。

　こうして教師に問われる中で電車のことを多面的に話すと，この子ども自身も「電車」を新しい角度からみることができるようになります。こうした本人のなかの変化（新しい「電車」の捉え方）を授業のなかで言葉にできるように指導していくと，この子どもの新しい「電車」の捉え方（考え方）を表現することができるようになります。このように，もともともっていたイメージや考えが他者とのやりとりのなかで深化し，新しい表現へと発展させることが「聞くこと・話すこと」の見方・考え方を働かせる授業づくりで留意することです。

3 書くことの見方・考え方

1 小学部Ⅰ段階の「書くこと」に関する見方・考え方

　国語科の時間に「書くこと」を指導するときは，どうしても文字を書かせようと考えてしまいます。しかし，小学部Ⅰ段階の知的障害児に「書くこと」を指導する場合には，いろいろな筆記具に触れ，「書く」ということがどういうことなのかを「知る」ところからスタートさせることが重要です。

　具体的に，特別支援学校学習指導要領では，「筆記具の持ち方」や，「正しい姿勢で書く」ということが記載されています。しかし，小学部Ⅰ段階の知的障害児には，「筆記具を用いることで，線などが書けることに気付いたり，書いたものに何らかの意味付けをしたりするなど，文字表記へつながる気付き」が大切です（『解説各教科等編』p84）。また，「ペンやクレヨンをどのように持って，どのような姿勢で紙にそれらを押し付けると，紙に色が付くか」ということを学ぶことも大切です。

　このように，小学部Ⅰ段階の子どもに「書くこと」を指導する場合には，必ずしも机に座り，えんぴつを持って，紙に書くという指導ではなく，道具や紙の素材などを工夫して，「書くこと」を楽しむ時間をたくさんつくるこ

「書くこと」では，以下の点を指導します。
㋐　いろいろな筆記具に触れ，書くことを知ること。
㋑　筆記具の持ち方や，正しい姿勢で書くことを知ること。
（『解説各教科等編』p83）

とが重要となります。具体的には，以下の点に留意して指導することが大切であると指摘されています。

> 「いろいろな筆記具」（児童が身近に手にすることができるクレヨン，チョーク，筆，はけ，鉛筆，ボールペン，水性・油性ペンなど）を用いて，書いて表現することへの興味・関心を高めながら，書くことに親しみ，運筆への基本動作を身に付けていくこと。
>
> （『解説各教科等編』p84を筆者が抜粋してまとめた）

　こうした指導を通して，「紙に書いて形を残すことで，誰かに何かを伝えられる」という見方・考え方が働くようになることが国語科（書くこと）で目指すことだと考えます。

2　小学部2段階以上の子どもの「見方・考え方」

　小学部2段階以上の知的障害児では，「言葉が表す事柄を想起したり受け止めたりする力を養い，日常生活における人との関わりの中で伝え合い，自分の思いをもつことができるようにする」ことが目標となります（『解説各教科等編』p87）。そのため，「書くこと」においても，「自分の書いた物がどのような意味をもち，相手にどのように伝わっているのか」という「見方・考え方」ができるようになることが求められます。

　具体的には，小学部2段階以上の子どもには，「日常の学校生活の中で見たり使ったり触ったりしている，身近な事物や事象を表す平仮名」を書くことが課題となっています。このときにも，単に写真やイラストを見て，その物の名前を書くというだけの学習ではなく，「自分や友達の名前や絵本などに出てくる動物等の名前を表す平仮名から扱うこと」などが例示されています（『解説各教科等編』p89）。

また，「平仮名の文字や平仮名
で表された語に関心をもち，音節
があることへの気付きにつながる
よう，語のまとまりとして読むこ
とができるように指導することが
大切である」という点も指摘され
ています（『解説各教科等編』p89）。
　このように，「書くこと」を指
導する際にも，文字を書くことだ

けにならずに「読み方」に着目させたり，文字にどのような意味があるのか
という視点で考えることが「書くこと」の見方・考え方を働かせる指導であ
ると考えます。

3　「書くこと」の「見方・考え方」を働かせる授業づくりのポイント

　それでは，具体的にどのような教材を用いて，どのような指導をすると
「書くこと」の見方・考え方が働くのでしょうか。

　次ページの表に，小学部2段階の知的障害児に対する「書くこと」の内容
と子どもの学びの姿をまとめました。こうした指導のねらいや子どもの学び
の姿をみると，「書くこと」に関する指導では，「文字を書く」ということだ
けに焦点化するのではなく，「書きたいこと」を想起して，それを（文字な
どで）「表現する」ことが重要であることがわかります。

　つまり，子どもが生活しているなかで「書き記しておきたい」ことは何か
（見方），それをどのように表現するとよいか（考え方）について学ぶことが
必要です。そして，授業づくりにおいては，「書きたいことは何かを考える」
ことから始まり，「書いたことが相手にどのように伝わったか」を実感でき
るように，一連の学習過程をつくり出すことが重要となります。

表2-3-1 小学部2段階の「書くこと」の内容

思考力・判断力・表現力等の目標	具体的な子どもの学びの姿
伝えたいことを思い浮かべたり，選んだりする。	児童が経験したことの中から楽しかったことなどの伝えたいことを，具体物や絵，写真などを手掛かりにしながら，経験したことを想起したり，具体的な言葉を用いて考えたり，表そうとしたりする。
自分の名前やものの名前を文字で表すことができることを知る。	事柄を表したり，伝えたりするために，決まった文字の組み合わせがあることを知り，具体物や絵，写真などと単語や文字カードとを一致させられるようになる。
簡単な平仮名をなぞったり，書いたりする。	児童が表したい平仮名を形作るために，見本となる文字をなぞったり，書けるようになった文字をマスのなかに書いたりして表す。

（『解説各教科等編』p92を筆者が抜粋してまとめた）

4 「書くこと」の「見方・考え方」を働かせる教材開発

(1)「書きたいこと」を見つけられる教材

　「書くこと」に関する教材を探す場合には，まず，子どもが「書きたいことは何かを考える」ことからはじめるとよいでしょう。

　たとえば，私たちが夏休みなどに学校から出された「作文の宿題」では，「夏休みに一番楽しかった思い出」を原稿用紙に書くこともあったでしょう。もちろん，こうした「思い出」をテーマにして，旅行に行った時の写真などを家から持ってきてもらい，それを絵日記のように書いていくという指導は十分に考えられます。

しかし，知的障害児にとって「思い出」を文字にして書くことは，どちらかというと難しい課題だと考えます。それは，今，目の前に生じていることではなく，「当時の思い」をふり返るなかで，それを言語化（あるいは文字化）するからです。

　このような理由から「思い出」を作文にすることが難しい子どもたちに対しては，子どもたちが誰かに伝えたいと思う事物や状況を作文のテーマにすることも有効です。これは，「聞くこと・話すこと」のなかでも述べていますが，たとえば，電車が好きな生徒には「この電車のすごいところ」をテーマにして語らせ，それを書くようにするほうが，相手に伝わるよい文章を書くことができることもあるからです。

(2)「書いたこと」を通して物事を深く見つめる

　このように，国語科のなかでは，「話したこと」を「書くこと」に発展させるということはあり得ます。しかし，「書くこと」に特有の課題や困難もあります。それは，話し言葉よりも，書き言葉のほうが，物事を深く見つめて文字化できないと，表面的な表現にとどまってしまうということです。

　たとえば，電車が好きな子どもが「新幹線は東京駅から出発します」と楽しそうに話をしていれば，周囲でその話を聞いている人から「どうして東京駅から出発する新幹線が多いの？」という疑問を投げかけられ，新幹線について深く考えるきっかけが得られるかもしれません。

　しかし，書くことにおいては，新幹線をテーマにしたときでも，「出発駅が東京駅である」ということと，その理由について考えたことを自ら構成しなければなりません。そのため，より相手に説得的な文章を書こうと思ったら，

「新幹線」についてさまざまな角度から「見方」や「考え方」を整理できなければなりません。

このとき、「東京駅が出発駅」という視点で考えるとしたら、それは社会科的な見方とつながるものであり、国語科だけでない視点をもつことも必要です。いずれにしても、書くために物事を深く見つめること（＝見方・考え方を働かせること）が求められます。

⑶「書いたこと」を誰かに伝える

「書くこと」の見方・考え方を働かせる指導において重要なことの一つに、自分が書いたものが相手に「伝わった！」という実感をもつことが挙げられます。知的障害児に限らず、書くという行為は頭を使う作業が多く、めんどうな気持ちになるものです。特に、話して伝わるような状況・場面であれば、わざわざ書くことはしないでしょう。

こうした理由から、「書くこと」に意欲的になり、書く力がどんどん成長していくためには、「目の前にいない誰か」にどうしても「伝えたいことがある」という場面や状況をつくり出すことが必要です。先に例示した、電車が大好きな子どもであれば、「電車に関する文章表現」を積み重ねたら、それを詩集やエッセイのように仕上げて、文化祭などで展示するということも考えられます。

そして、文字で書いたことは、自分のことをよく知らない誰かでも、「思いが通じることがある」といった経験をすることにつながります。加えて、自分が知らない誰かから「詩集」や「エッセイ」の感想をもらうことができたときに、「もっと書きたい」という気持ちが芽生えるのだと考えます。こうした取り組みを通して、ものごとを深く見つめ、表現を工夫するようになったなら、それは「書くこと」の見方・考え方が働いた結果であると考えられます。

4 読むことの見方・考え方

1 小学部Ⅰ段階の「読むこと」に関する見方・考え方

　前節までの「聞くこと・話すこと」や「書くこと」では，話したり，書いたりするといった「アウトプット」がみられるので，子どもがものごとをどのような視点で捉え，どのように表現しているかという点が比較的容易に捉えられます。しかし，「読むこと」になると，頭の中でどのようなイメージをもつことができているかという点をみていかなければならないので，知的障害児の読むことに関する「見方・考え方」を捉えることが難しくなります。

　そもそも，「読むこと」を通して「言葉による見方・考え方を働かせる」とはどのようなことなのかを確認することが大切です。その一つの視点として，以下のような「言語感覚」を育成することがあります。

> 「言語感覚」とは，言語で理解したり表現したりする際の正誤・適否・美醜などについての感覚のことである。聞いたり話したり書いたり読んだりする具体的な言語活動の中で，相手，目的や意図，場面や状況などに応じて，どのような言葉を選んで表現するのが適切であるかを直観的に判断したり，話や文章を理解する場合に，そこで使われている言葉が醸し出す味わいを感覚的に捉えたりすることができることである。
>
> 　　　　　　　　　　　　　　　　　　　（『解説各教科等編』p80）

すなわち，読んだときに，「言葉の美しさ」や「正しい使い方」を感覚的に理解できるようにするために，読書（読むこと）が重要になるということです。たとえば，私たちは，「たしかに～であるが……」という文章を読んだときには，次に「しかし，～である」という逆説的な話へと展開していくことを感覚的に想像することと思います。

　知的障害児の「読むこと」においても，繰り返し面白い本を読むなかで，「うんとこしょ，どっこいしょ，まだまだかぶは……」と読み進めたら，「抜けません」という言葉が自然と口から出るということは考えられます。こうした言語感覚が養われると，一つ一つの言葉の意味が正確にわかっていなくても，「言いたいこと」が理解できるようになります。

2　小学部Ⅰ段階の子どもの「読むこと」の「見方・考え方」

　小学部Ⅰ段階の知的障害児の国語科の授業では，「読むこと」を通じて，以上のような言語感覚を養うことを焦点にした指導が期待されています。

　『解説各教科等編』では，「読むこと」のなかで「展開が簡単な話の絵本などを見聞きし，言葉のもつ音やリズム，イメージを感じ取り，それらから次の場面を期待したり，言葉のもつ音やリズム，言葉が表す動作を楽しみながら模倣したりすること」をねらっています（『解説各教科等編』pp86-87）。そのため，読んだ内容を正確に理解できているかどうかよりも，読むことを通じて「イメージを膨らませること」のほうが大切になります。

　また，「読むこと」の指導は，必ずしも絵本を使用しなければならないということではなく，「紙芝居を読んでもらったり，写真や絵，映像などを見たりすること」も含まれます。この点については，特別支援学校に限らず記号やマーク（小学校などでは地図も含む）などを見て判断できるようになることも「読解力」の一つと考えられていますが，知的障害児の「読むこと」においても，「身近にある事物や事柄，生き物などが表現されていることに気付き，注目すること」が含まれています（『解説各教科等編』p86）。具体的

には，以下のように，記号やマークなどを「見て」「判断する」といったことが「読むこと」における見方・考え方を働かせるということになります。

> 「絵や矢印などの記号」とは，場所や動作を表す絵や写真，日常生活で見かけるシンボルマーク，「○」，「×」，「→」といった簡単な記号を示している。「意味に応じ，行動する」とは，絵や記号などの表す意味を感覚的に識別し，自分の思いや要求を表すために選択したり，意味に従って行動したりすることである。例えば，場所を表す絵から自分の行きたい場所を一つ選んだり，「×」という記号を見て自分の行動を抑制したりすることなどが考えられる。
> (『解説各教科等編』p86)

3 小学部2段階以上の子どもの「見方・考え方」

　一方で，小学部2段階以上の子どもになると，「読むこと」の見方・考え方もだいぶ変化します。『解説各教科等編』では，小学部2段階と3段階の目標が次ページの表のようになっています。

　この目標を「読むこと」の見方・考え方という視点で整理すると，小学部2段階では，「単語を読む」のではなく，「話の流れ」に着目したり（見方），読んだことを身体表現と結び付けたりすること（考え方）がポイントになります。

　また，小学部3段階では，2段階までの見方・考え方を基礎にして，登場人物の行動に着目し（見方），登場人物になったつもりで話すにはどうするか（考え方）などが求められるようになります。このように，「読むこと」といっても「文字を読む」ことにとどまらず，読んだことの内容を想像し，それを表現に結び付けていくことが「見方・考え方」を働かせる授業づくりとなります。

表2-4-1　小学部2段階と3段階の「読むこと」に関する目標

小学部2段階	小学部3段階
ア　教師と一緒に絵本などを見て，登場するものや動作などを思い浮かべること。	ア　絵本や易しい読み物などを読み，挿絵と結び付けて登場人物の行動や場面の様子などを想像すること。
イ　教師と一緒に絵本などを見て，時間の経過などの大体を捉えること。	イ　絵本や易しい読み物などを読み，時間的な順序など内容の大体を捉えること。
ウ　日常生活でよく使われている表示などの特徴に気付き，読もうとしたり，表された意味に応じた行動をしたりすること。	ウ　日常生活で必要な語句や文，看板などを読み，必要な物を選んだり行動したりすること。
エ　絵本などを見て，好きな場面を伝えたり，言葉などを模倣したりすること。	エ　登場人物になったつもりで，音読したり演じたりすること。

（『解説各教科等編』p92及び p99）

4 「読むこと」の「見方・考え方」を働かせる教材の選定

　「読むこと」に関する授業づくりを考える際に，「読み」の特性をふまえることはとても重要なことです。具体的には，話し言葉であれば，話し相手とやりとりするなかで想像を広げ，思考を深めていきますが，「読むこと」は相手が「人」ではなく，「本」になるということです。これは，話し相手が「人」の場合は，相手の「問いかけ」を調整することで気が付くこともできますが，「本」の場合は，子どもに合わせて内容を修正することが難しいという意味です。

図2-4-1 「聞くこと・話すこと」「読むこと」の特徴

一方で，「読むこと」の授業においては，教師が教材（本）を選択すると
きに，どのような視点で考えてほしいかを明確にすることができます。もち
ろん，この点は「話すこと」の授業でも同じことではありますが，本のほう
が作者が深い視点でものごとや世の中を見つめて書いていることが多いので，
考えを広げ，深める機会が得られることも多くなると考えます。

これは逆に言うと，子どもにどのような視点でものごとを見つめてほしい
か（見方）と，どのように思考を深めてほしいか（考え方）について教師が
十分に吟味したうえで，「読むこと」の授業で用いる教材（本）を選定しな
ければならないということでもあります。子どもが好きな本だからとか，興
味のあるイラストが多いからといった理由だけではなく，「話すこと」以上
に想像を広げ，思考を深めることができる教材を教師が見つけてくることが
「読むこと」の見方・考え方を働かせるうえで重要なポイントとなります。

5 「読むこと」の授業づくりのポイント

ただし，教材（本）を選定し，子どもにそれを読ませれば，想像が勝手に
広がり，思考が自動的に深まっていくというわけではありません。特に知的

障害児に「読むこと」を指導する場合には，想像を広げるための授業の工夫や，思考が深まる授業展開を考えることが必要になります。

　具体的には，以下の点に留意して授業づくりをすることが重要です。

本の内容を想像できるようにする工夫	●言語だけで理解させようとするのではなく，イラストや写真などで内容を補足する。 ●読んだ内容を教室で再現したり，演じてみたりすることで理解を深める。
読んだ本の内容をもとに思考を深める「問い」	●登場人物の気持ちや話の展開がわかるような問い（「〜のあとはどうなった？」） ●本の内容と読者（子ども）の思いをつなぐ問い（「あなたは〜についてどう思う？」

　このように，内容理解を深めることで，本の内容を自分なりの視点で捉えることができるようになります（見方）。そのうえで，本の筆者と読者（国語科の学習に参加している子ども）の思いを重ね合わせる「問い」を投げかけることで，思考が深まっていくと考えます（考え方）。

　もちろん，知的障害が重度の子どもの場合は，「見方・考え方」がどのように働いているのかが見えにくいことが多いのは確かです。しかし，繰り返し読んでいるうちに，『この次に〜というかけ声がくるはず』と思って，教師がその言葉を言うのを期待しているなら，「読むこと」の見方が働いたと捉えることができるでしょう。

　そして，本を読んだ後，本の内容を再現するなかで子どもが「どのようにこの話に参加しようか」と考えているならば，それは知的障害児なりに読みを深めていると捉えることができます。こうした学びを続けていくことで，知的障害児の「読むこと」に関する「見方・考え方」が働くようになり，「読解」が深まるのだと考えます。

第**3**章

算数科・数学科の
「見方・考え方」を働かせる
授業づくり

1 数学的な見方・考え方を働かせるとは？

1 「数学的な見方・考え方」のポイント

　算数科・数学科の授業というと，数や量，図形に関する問題を解くことをイメージすることが多いと思われます。もちろん，こうした数学的な問題を解くことができる力を身に付けることは算数科・数学科の目的の一つですが，それだけではなく，算数科・数学科では，「物事を数学的に捉え，思考すること（数学的な見方・考え方）」が求められます。

　具体的には，世の中にあるさまざまな事象を捉えるときに，数量や図形を用いてその特徴や本質を捉えることが算数科・数学科の学習です。このとき，問題を解決するために，式を立てたり，グラフなどで表して，根拠をもとに筋道を立てて考えることが「数学的な見方・考え方」を働かせるということになります。

「数学的な見方」は，事象を数量や図形及びそれらの関係についての概念等に着目してその特徴や本質を捉えることです。また，「数学的な考え方」は，目的に応じて数，式，図，表，グラフ等を活用し，根拠を基に筋道を立てて考え，問題解決の過程を振り返るなどして既習の知識及び技能等を関連付けながら統合的・発展的に考えることです。　（『各教科等編』p107）

　算数科・数学科の授業では，上記の学びをするために，小学部１段階は「Ａ　数量の基礎」「Ｂ　数と計算」「Ｃ　図形」「Ｄ　測定」の四つの領域を設定しています。また，小学部２段階以上では，「Ａ　数と計算」「Ｂ　図形」「Ｃ　測定」「Ｄ　データの活用」の四つの領域が設定されています（各領域でどのような見方・考え方を働かせるか，という点については次節以降で詳しく解説します）。

　こうした領域別の内容を，「数学的な見方・考え方」を働かせながら学ぶには，以下の点に留意することが指摘されています。このように，算数科・数学科では，単に数学の問題を解けるようになれば良いのではなく，さまざまな諸問題を数学的な側面から考え，問題を解決する方法を見つけ出すことが重要です。そして，こうした指導により，「数学的な見方・考え方」を生活のなかでも活用できるようになることが期待されています。

表３-１-１　算数科・数学科における授業づくりのポイント

数学的に考える資質・能力を育成する	数学的に考える資質・能力の三つの柱である「知識及び技能」，「思考力，判断力，表現力等」及び「学びに向かう力，人間性等」のすべてに働かせること。
数学的活動を通して学ぶ	単に問題を解決するのみならず，問題解決の結果や過程を振り返って，結果を捉え直したり，新たな問題を見いだしたりして，統合的・発展的に考察を進めていく。
数学的な学びに向かう力を育成する	数学的活動の楽しさに気付き，関心や興味をもち，学習したことを結び付けてよりよく問題を解決しようとし，算数で学んだことを学習や生活に活用しようとする。

（『解説各教科等編』pp106-108を筆者が抜粋してまとめた）

2 数量の基礎の見方・考え方

1 「数量の基礎」に関する見方・考え方

　特別支援学校の学習指導要領では，「数」や「量」，「図形」について学ぶ前に，「数量の基礎」という領域が設けられています。これは，小学部1段階の子どもを対象としたもので，数や量を学ぶ前の段階の子どもに用意されたものです。

　そのため，この領域はすべての算数科・数学科の学びの基礎にあたるものだと言えます。具体的には，数や量に分離して物を捉える前に，物がそこに「ある」という見方ができたり，「今まであった物がなくなった」という捉え方（考え方）ができるようになることを指導することが求められています。

　ただし，国語科の授業とは違うので，目の前にある物を見たときに，「名前」や「使い方」のほうに着目するのではなく，あくまでも数量や形のほうに意識を向けさせることが大切です。少し大げさに言えば，物事を自然科学的に捉えることができるように，「見方・考え方」を働かせることが重要となります。

「数量の基礎」では，具体物の「ある」「ない」が分かり，具体物を指差したり，つかもうとしたりするなど，具体物を対象として捉えることについて指導します。

（『解説各教科等編』p109）

2 「数量の基礎」に関する見方・考え方を働かせる授業づくり

　それでは，「数量の基礎」に関する「見方・考え方」を働かせる授業とはどのようなものでしょうか。特別支援学校学習指導要領解説では，「対象として捉えた具体物について，対応させたり，形，色，大きさなどの属性で見分けたりすることについて指導する」と書かれています（『解説各教科等編』p109）。

　ここからわかることは，算数科・数学科の授業づくりでは，問題を解くだけでなく，複数の「具体物」を使って学習活動を展開するということです。そして，その過程で「形」や「大きさ」などの数量の基礎に関することに着目させ（見方），それらを見分けたり，対応させたりしながら思考すること（考え方）が算数科・数学科の学びであると言えます。

　もちろん，「数量の基礎」を学ぶ子どもは，小学部１段階の知的能力ですので，具体物をみるなかで「『形』や『大きさ』に注目してごらん」と言っても，そうした見方ができないことが多いでしょう。ましてや，「この二つの物は同じ形ですか？」といった数学的な問いをいきなり投げかけても，数学的な思考や判断ができるわけではありません（逆に言えば，こうした実態の子どもが「数量の基礎」の段階であるということです）。

　そのため，「形」（図形）や「大きさ」（量）に着目することが難しい段階の子どもたちに，そうした見方・考え方ができるようになるための教材や授業展開を考えていくことが求められます。

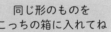

同じ形のものを
こっちの箱に入れてね

同じ形…？

(1)「数学的な見方・考え方」でものごとを捉える

　この点をふまえると，数量の基礎に関する内容について知的障害児に授業を展開する教師は，いろいろと乗り越えなければならない実践課題があると考えます。一例を挙げると，数量の基礎の見方・考え方を働かせるには，子どもに具体物を提示して，それを取り扱いながら思考させる教材を考えなければなりません。しかし，それは，単に具体物を操作させればよいのではなく，具体物を見るなかで，「形」や「大きさ」に着目できるものでなければなりません。

　たとえば，「大好きな人形と一緒に〇〇へ遊びに行こう」というストーリーを考え，楽しく遊ぶように算数科・数学科の授業をはじめたとします。この授業に参加している子どもからすれば，お気に入りの人形と一緒にごっこ遊びをしながら楽しく過ごすことができればそれで満足であるかもしれません。しかし，教師はこの活動のなかで数学的な見方・考え方を働かせながら子どもに考えてもらう授業展開にもっていくことが求められます。

　そこで，下図のように，大好きな遊び場に行くにはトンネルを通らないと行けない設定にしました。はじめのうちは，小さなトンネルのほうを通過しようとしたときに，トンネルを無理やり広げようとするなど，半ば強引に思いを通そうとすることもあるかも

しれません。しかし，何度か授業を繰り返していくうちに，二つのトンネルの大きさの違いに気付き，どちらのトンネルのほうが人形が通りやすいのかを「見比べ」て，「考える」ようになります。

　このように，算数科・数学科の授業では，「人形遊び」からはじ

こっちのトンネルは通れないぞ！

まった学習活動を「大きさ比べ」の視点（見方・考え方）に切り替えるように，授業を展開することが重要です。

(2)試行錯誤のなかで「見方・考え方」を深める

　子どもは「人形遊び」をするなかで「大きさ比べ」に視点が切り替わり，大きさの違いに気が付くと，「大きさ比べ」そのものが楽しくなります。このとき，教師がさりげなくいろいろな大きさの人形を用意しておいて，「この人形なら，小さいトンネルも通るかな？」など，試行錯誤をすることで「大きさ」を深く理解するように授業を展開するとよいでしょう。

　このように，算数科・数学科の授業では，授業の途中から「人形遊び」が子どもの中心的な関心事でなくなり，「人形がトンネルを通過するか？」という点に視点が移るように授業を展開していくことが重要です。これが「数学的な見方・考え方」を働かせるということです。すなわち，さまざまな大きさの人形を用意して，試行錯誤できるように意図的に授業を設計することが算数科・数学科を担当する教師の仕事の一つだと言えます。

　ただし，「数量の基礎」は小学部１段階の子どもが対象ですので，人形の大きさに興味が出て，いろいろな人形をトンネルに通して，試行錯誤していたとしても，そこで「大きい」という概念を教えることは難しいかもしれません。むしろ，「大きい・小さい」を体系的に学ぶことは「測定」の領域で行うことにして，「数量の基礎」の領域では「比べる」ことの面白さと方法を学ぶことのほうが大切であると考えられます。

　このように，「数量の基礎」では，その後，「数と計算」や「測定」，「図形」などの各領域の学習を深めていくための基礎的な「見方・考え方」を働かせることができる授業を展開することが求められます。

3 数と計算の見方・考え方

1 小学部Ⅰ段階の「数と計算」に関する見方・考え方

　「数と計算」の領域では，小学部Ⅰ段階であれば目標が「ものの有無や3までの数的要素」に気付くこととなっていますので，授業ではどうしても「数える」活動が中心になってしまいます。しかし，「数と計算」の領域で働かせる「見方・考え方」は「ものとものとを関連付ける」ことだと学習指導要領には記載されています。

　これは，数学的な見方・考え方が単に「数える」ことができればよいということではなく，「数える」ことの本質を理解することが重要であるということを意味しています。これを，「数と計算」に関する「見方・考え方」という点から考えると，物を「じっと見る」だけは「数える」ということの本質にたどりつくことはできず，「ものとものの関係性」を捉えることに着目させる指導が必要となるということです。

　たとえば，目の前に丸い箱と四角い箱が置かれていたとします。教師が授業で「丸い箱はいくつありますか？」と問いかけたとき，四角い箱のほうまで数に加えて計算したら，答えが合いません。ただし，こうした計算ができるのは，「丸い箱（という物）」と「四角い箱（という物）」の関係性（同じ

「数と計算」の見方・考え方とは，数詞とものとの関係に注目し，数のまとまりや数え方に気付き，それらを学習や生活で生かすことです。（『各教科等編』p113）

箱ではあるけれど，形が違う箱で
あるということ）が十分に理解で
きているからです。

　ただし，単に「ものとものの関
係性」に着目させるだけだったら，
「数量の基礎」の「見方・考え方」
と変わりません。「数と計算」の
領域で数学的な「見方・考え方」
を働かせる場合には，数詞とものを対応させるとか，数唱をしながら数を数
えるなどの学習をすることが求められます。

2　小学部2段階以上の「数と計算」に関する見方・考え方

　小学部2段階になると，「これはいくつ？」という問いに対して，数えて
答えられるようにすることが求められています。そして，小学部3段階以上
になると，数を用いた表やグラフをみて，比較し，多少や大小を判断するこ
とも指導内容に含まれてきます（次ページ表参照）。

　これは，裏返せば，授業のなかで，こうした点からものごとを見つめさせ
（見方），「物がいくつあるのか」という点を論理的に導いていくこと（考え
方）を学ぶことが求められるということです。そのため，小学部2段階であ
れば，直感的にみて判断してしまうと間違えそうなものを教材として取り上
げて，考えるような学習を展開することが必要です。

　たとえば，大きさの異なるチョコレートが箱に入っていて，その数を数え
る場面があったとします。小学部2段階の知的障害児の場合，見た目の大き
いチョコレートのほうが「たくさんある」ように見えてしまうこともあるで
しょう。しかし，数を数えるポイントをふまえて数えると，「数える」場合
には，「物の個数」に着眼し，「大小の比較」をする場合には，「大きさ」に
着目して考えることが求められます。

表3-3-1　小学校2段階以上の数と計算に関する指導内容

小学部2段階	小学部3段階
これまで直感的に捉えていたものの数を，ものと数詞とを対応させてものの個数を判断できるようにするとともに，10までの数の意味や表し方について指導する。	2段階で学習した10までのものの数の数え方や比べ方，表し方の内容を踏まえながら，徐々に数の範囲を広げていき，数のまとまりに着目することのよさに気付くことができるように促しながら，100までの数の意味や表し方について指導する。また，和が20までの数の加法や20までの数の範囲の減法についても取り扱う。

（『解説各教科等編』p116及び pp124-125を筆者が抜粋してまとめた）

3　「数と計算」に関する見方・考え方を働かせる教材開発

⑴同じ形の「物」を集める

　以上のように，「数と計算」の見方・考え方を働かせるためには，「物の個数」に着目することが必要であるとしたら，一つ一つがはっきりと分離できる物を使って学習することからはじめることがよいと考えます。

　たとえば，前節で取り上げたチョコレートの数を数える活動においても，数えるチョコレートは同じ形のものにすることがよいでしょう。日常生活では，おしゃれなお店で買うチョコレートはいろいろな色や形のものが一つの箱に詰まっていますが，こうしたいろいろな種類（属性）が混ざっていると，個数に着目する前に，色や形のほうに着目してしまい，どれを数えたらよいのかわからなくなってしまうこともあります。

　こうした学習上の困難をふまえると，チョコレートの数を数える場合には，同じ形のチョコレートが5個ずつ縦1列に並ぶような箱を作り，10個のかた

まりを意識しながら数えられるように教材・教具を工夫することが必要となります。

(2)数の原理に気付くための活動と考える時間の確保

　もちろん，上記のような箱を用意して，そのなかにあるチョコレートを数えれば，すぐに数えられるようになるわけではありません。むしろ，「数と計算」の本質に気付くためには，単元を通して，いろいろな場面で，いろいろな物を数えるなかで，法則に気付くように授業を進めていくことが重要です。

　そのため，子どもたちが毎回の授業で「数えたい」と思う楽しい活動を用意しなければなりません。たとえば，筆者が参観した算数科・数学科の授業では，「パティシエになろう」という単元名で，チョコレートなどのお菓子を数えていました。この授業に参加していた子どもたちは自分たちがパティシエになったつもりで，お客さんからオーダーされた個数を箱に詰めていました。

　こうした繰り返しの学習活動のなかで，この授業では，最初は同じ形の物しかお店に用意していませんでした。しかし，同じ物であれば必要な個数を箱に詰められるようになったら，少し違う色や形のお菓子を用意するというように，意図的に学習内容を発展させていました（詳しくは，新井ほか，2020年を参照）。このように，「数と計算」に関する見方・考え方を働かせるために，個数に着目しやすい物を用いることが重要です。そのうえで，繰り返し数えてみようと思うストーリーを用意し，そのなかで数の原理に気付き，「数と計算」に関する見方・考え方を働かせるように授業を展開することが大切です。

4 | 数の原理をふまえた教師の「問い」と学習活動

⑴数の原理をふまえた学習活動の用意

　最後に,「数と計算」の見方・考え方が働いて数の原理に気付くとは, どのようなことであるのかについて見ていきます。

　数と計算で目指すことは,「数詞とものの関係性」を捉えたうえで, 個数を計算することができるようになることです。これには以下のような数の原理を理解することが必要です。こうした原理をふまえて授業づくりを考えると,「数と計算」の見方・考え方を働かせるために必要な教具や学習活動がみえてきます。

表3-3-2　数えるうえで必要な「数の原理」

1対1対応の原理	物と指が対応して数えられる
安定順序の原理	数の順序を正確に唱える
基数の原理	数えた最後の数が全体の数を表しているということを理解する
順序無関係の原理	どこから数えても数は同じだということを理解する
抽象性の原理	物のあらゆる属性を捨象して, 物体そのものを抽象的に捉える

　たとえば, 最初は箱に整然と整列させたチョコレートを数えさせたとしても, それができるようになったら, トレーに乱雑に置かれたチョコレートを数えるようにするなどが考えられます（「順序無関係の原理」）。このとき, 箱のなかにあるチョコレートを数えるために, 指をチョコレートに触れさせながら（「1対1対応の原理」）,「1・2・3」と数唱させて数える（「安定順序の原理」）ように指導します。

　本物のパティシエであれば, できあがった食べ物の個数を数えるのに, チ

ョコレートに指をあてることはしませんが，「数と計算」に関する学習の中では，こうした活動が「原理」を理解し，数に関する見方を確かなものにするために重要となります。そして，こうした学習を促していくために，平たいトレーを使ったり，そのトレーに線や丸を書いて，チョコレートの置き場を指定するなど，教具の工夫も欠かせません。

⑵ 「数と計算」に関する見方・考え方を働かせる教師の「問い」

　以上のように，算数科・数学科においてはいろいろと試しに物を操作し，考えて，答えを見つけ出していく学習過程をつくり出すことが重要です。ただし，そうした学習活動のなかで，「数と計算」に関する見方・考え方が働くように教師が意図的に「問い」を子どもに投げかけることも重要です。

　具体的には，「全部でいくつあるかな？」と問いかければ「基数の原理」に関することを考えるように促していることになります。あるいは，「丸いチョコも四角いチョコもみんな合わせて数を数えて」と声かけしたら，属性に関係なく数を数えること（「抽象性の原理」）を求めていることになります。このように，「問い」によって物の見方や考え方が数学的になっていくようにすることも算数科・数学科の授業づくりでは重要です。

【文献】新井英靖・茨城大学教育学部附属特別支援学校（2020）『特別支援学校　新学習指導要領「国語」「算数・数学」の学習指導案づくり・授業づくり』明治図書.

4 図形の見方・考え方

1 小学部Ⅰ段階の「図形」に関する見方・考え方

　「図形」に関する見方・考え方は，「数と計算」と共通しているところと異なるところがあります。異なるところから言えば，「数と計算」では物を指差ししながら，「1・2・3」と順を追って数を確認していくのに対して，「図形」は「視覚的に形を把握する」ことが中心になるため，数の計算のときのように「手続き（思考過程）」が明確にあるわけではありません。

　もちろん，図形にも定義はあります。たとえば，三角形であれば「三つの辺で囲まれた形」ということを理解し，一つ目の辺がどこにあり，二つ目の辺とどのように接続しているのかということを確かめながら形を把握することはできます。しかし，私たち大人でさえも，図形を識別するときに，こうした定義に沿って確認することはあまりしていません。この点を考えると，図形の「見方・考え方」は直感的・体験的な面が多くなることは否定できません。そのため，図形の学習では，基礎的な段階ほどいろいろな形にふれて，その特徴を実感する学習が必要となります。

　「図形」の見方・考え方とは，身の回りにあるものの形についての基礎的な概念を養うことをねらいとし，身の回りのものには上下や前後，形に違いがあることを体験的に気付くことです。

（『解説各教科等編』p110）

ただし，ものを見て，その形の名前を言えるということが図形の学習では
ありません。これまでみてきた「数量の基礎」や「数と計算」の領域におい
ても重要であった「ものとものの関係性」をみる視点（見方・考え方）は図
形においても重要です。簡単に言えば，丸い形のものと四角い形のものを見
比べて，これらは「違うものである」と判別できるようにすることが，図形
の「見方・考え方」を働かせるということになります。

　そのため，小学部1段階の子どもの場合，いきなり形の名前を覚えさせる
指導をするのではなく，以下のように見比べたり，区別したり，集めたりす
る活動を通して，図形に関する見方・考え方を働かせることが重要であると
考えられています。なお，小学部1段階の「図形」には，平面的な形に関す
ることだけでなく，「身の回りのものの上下や前後」なども含まれます。そ
のため，空間に関する基礎的（感覚的・体験的）理解を促すことも，「図形」
に関する見方・考え方を働かせることになります。

表3-4-1　小学部1段階の「図形」に関する内容

> ㋐具体物に注目して指を差したり，つかもうとしたり，目で追ったりす
> 　ること。
> ㋑形を観点に区別すること。
> ㋒形が同じものを選ぶこと。
> ㋓似ている二つのものを結び付けること。
> ㋔関連の深い一対のものや絵カードを組み合わせること。
> ㋕同じもの同士の集合づくりをすること。

（『解説各教科等編』pp113-114）

2　小学部2段階以上の「図形」に関する見方・考え方

　一方で，小学部2段階以上の子どもの図形の学習では，感覚的・体験的に

学んできた図形の特徴を明確に認識できるようにすることが目標となります。そのため，図形に関して，具体的な活動や操作をするなかで考えることを大切にしながらも，図形を構成している要素（辺や角など）に意識を向けながら，全体的に見えている形を名称と一致させながら理解することが求められます。

　ただし，図形に関する基礎的な理解をねらっていても，やはり，「いろいろな形の名称が言える」というだけでは不十分です。特別支援学校学習指導要領解説では，小学部3段階になると，「合同，移動，位置及び機能に関する基礎的な知識を取り扱う」とあるように，図形に関して深く理解することが求められています（『解説各教科等編』p125）。これは，重ねてみたり，別の場所に置いてみるなどして，図形の見方・考え方を深化させる視点をもてるようにするということが求められています。

表3-4-2　小学部2段階以上の図形に関する指導目標と内容

小学部2段階	小学部3段階
（目標）身の回りにあるものの形について指導し，形に着目して集めたり，分類したりする。	（目標）図形に対する理解の基礎となる経験を豊かにすることをねらいとして，ものの形を認めたり，形の特徴を捉えたりすることや角の大きさの意味について指導する。
（内容）身の回りにある具体物の中から，色や大きさ，材質などを捨象し，ものの形のみに着目することができること。	（内容）2段階でおよそ丸，三角，四角と捉えていた段階から，その特徴に着目して，（中略）ものの形を認識して，構成したりする活動など，具体的な操作を通して基本図形の特徴を捉えることができるようにすること。

（『解説各教科等編』p117及びp125を筆者が抜粋してまとめた）

3 図形の見方・考え方を働かせる教材開発

⑴図形を楽しく学ぶ教材の開発

　算数科・数学科の図形の学習は，美術科と異なるので，一部の例外を除いて，その「美しさ」に魅了されて，「ずっと見ていられる」というものではないと思われます。形を分類するにしても，ジグソーパズルのように，「ぴったりはまる感覚」が楽しくて，いつまででもピースをはめていくことができるということも多くあることではないでしょう。

　こうしたなかで，図形を楽しく学ぶことができるような教材を考えることが重要になります。

　筆者がこれまで参観した授業のなかでは，小学部の子どもたちが興味をもって図形を学習することができるように，「三角どろぼう」というキャラクターを仕立てて展開しているものがありました。すなわち，黒板いっぱいにレストランのイラストを掲示して，「レストランに三角どろぼうが入り，三角形の物がすべて奪われてしまいました。みんなで三角の物をレストランに戻してあげましょう」という設定で授業が展開していきました（この実践の詳細は，新井ほか，2022年を参照）。

　子どもたちは，最初のうちは「どろぼうを捕まえよう」という気持ちでいたかもしれませんが，三角形の物を黒板に貼り付けてレストランを元通りに戻すことが課題であるとわかったときに，図形の見方・考え方へとシフトしていったように見えました。

　このように，ストーリーのなかで遊びながら，そこで設定された課題を解決し，図形に関する「見

方・考え方」を働かせることができるように授業を展開していくことが重要です。

(2)図形をいろいろと動かしながら考える教材・教具の工夫

ただし，図形に関しても，単に空いているスペースに同じ形のピースをあてはめるだけの学習では，図形の見方・考え方が深化していくことになりません。特に，前項で取り上げたような「三角どろぼう」といったストーリーのなかで楽しく学んでいると，生活単元学習のように「どろぼうが捕まってよかった」という体験的な学習で終わってしまい，数学的な「見方・考え方」にたどりつかなくなる危険性があります。

そこで，「図形」の学習として行う場合には，図形をいろいろと操作することができるような教材となっているかどうか，という視点から授業を改善していくことが必要です。

具体的には，下図のように同じ三角形であると感覚的にわかっても，重ねてみても一致しないようなときに，すぐに「これは同じではない」と判断してしまうのではなく，三角形を回してみたり，裏返してみたりして，現状から変化させてみることができるように指導することが必要です。こうすることで，子どもは三角形をいろいろな視点でみることができるようになります。

もちろん，こうした学習を単なる認知訓練のように行うのではなく，「三角形どろぼう」のような教材を開発するなかで，試行錯誤を繰り返すことが，図形の見方・考え方を広げるために必要です。

上手くはまらないときは，回してみる？

4 平面的思考から立体的思考へと発展させる

ここまでみてきた図形の授業実践例（「パティシエになろう」や「三角形どろぼう」）は，平面的な空白に形をはめこむといった学習が中心でした。しかし，図形の「見方・考え方」は必ずしも平面における形の構成に限りません。

すなわち，小学校ですべての子どもが学ぶ算数科のなかにも，いろいろな箱を組み合わせて車や船を作る単元がありますが，図形の学習には立体的な内容も含まれます。平面図形で考えても，三角形を組み合わせて模様を描いてみたりする学習も考えられます。

こうした学びは単に形をあてはめるだけのものではなく，新しい形を創造する楽しさがあります。もちろん，芸術的な創造性を養うことを主たる目的とする教科は美術（小学部で言えば図画工作）科ですが，算数科・数学科の授業においても，「形を作る」という側面があってもよいでしょう。むしろ，創造する楽しさを味わうからこそ，これまで思いもしなかった形の特性に気付き，「図形の見方・考え方」が深化していくのだと考えます。

このように，図形の学習には創造的な表現をすることを課題にすることも可能です。あくまでも，「図形の見方・考え方」を働かせながら行うものですが，こうした授業展開も楽しく学びながら新しい見方・考え方を引き出す一つの方法だと考えます。

【文献】新井英靖・石川県立明和特別支援学校・石川県立いしかわ特別支援学校（2022）『知的障害特別支援学校 「各教科」の授業改善学習指導案実例＆授業改善に向けた提言』. 明治図書.

5 測定の見方・考え方

1 「測定」に関する見方・考え方

　測定に関する学習では，最終的には計量器などを使用して，正確に重さや長さなどを測定することができるようになることが期待されています。ただし，ここで求められている測定は，従来の生活単元学習で行われてきた内容とは異なるものです。すなわち，生活単元学習では，クッキーを焼くために小麦粉300g を計量することがあります。ここでは計量器を使って300g の小麦粉を量ることはしますが，その目的は小麦粉を必要な量だけ用意することになります。そのため，こうした生活単元学習では小麦粉や砂糖など，特定の物を計量するだけで終わってしまいます。

　一方で，算数科・数学科の授業で「測定」を学ぶ場合には，「大きさの異なる同種の具体物について，大きい・小さい，多い・少ないのいずれであるかを児童が決めること」が課題となります（『解説各教科等編』p111）。これは，小麦粉や砂糖の計量をする場合においても，いくつかの皿に盛られている小麦粉や砂糖を計量器を使って適量（たとえば，300g）のものを選ぶ（見つけ

　「測定」に関する見方・考え方とは，量の大きさについての基礎的な概念を養い，大きい・小さい，多い・少ないなどの違いに体験的に気付くことができるよう，量の大きさを区別することについて指導することです。
（『解説各教科等編』p111）

出す）ことを学習過程に組み入れることが必要です。そして，こうした学習の過程で，計量する前に針が「０」になっているかどうかを確かめるなど，測定に必要な知識や技能が必要となります。

　「測定」に関する見方・考え方は，こうした過程を経て確立してくると考えます。もちろん，単に計量器で重さや大きさを測定していればよいというわけではありませんが，「見た目で感じている量」を「計測器で計る」ことで正確な量の認識に変えていくということが，「測定」に関する見方・考え方を働かせるということです。

2　小学部１段階の「測定」に関する見方・考え方

　それでは，小学部１段階の「測定」に関する見方・考え方についてみていきましょう。小学部１段階の子どもには，いきなり計量器で測定することを求めるのではなく，感覚的な量について学ぶことが必要です。特別支援学校学習指導要領解説でも，「量の属性について十分に理解していないこの段階の児童にとっては，まだ数値化することのできない量であるため，量の区別の仕方は視覚等の感覚による判断となる」と指摘されています（『解説各教科等編』p111）。

　ただし，感覚的・体験的に量（大きさや重さ）について学ぶといっても，繰り返し計量する体験をするということではありません。すなわち，計量器で重さや大きさを測定して比べることはできなくても，感覚的・体験的に量を比べることが求められます。

　たとえば，「お菓子屋さん」で大きなケーキと小さなケーキを売っているお店の店員になり，ケーキを箱に詰めて販売するといったストーリーで授業を展開したとします。このなかで，子どもが大きなケーキを箱詰めするときには，大きな箱を持ってくる必要があります。しかし，小学部１段階の子どもは「〇cm以上の箱」とか「〇号サイズの箱」というように数値で大きさを比べることができません。そうではなく，どちらの箱を選んだらよいのかを

視覚的・感覚的に考え，選択する
ことがこの段階の子どもの学習課
題であり，こうしたなかで「大き
さ」に関する見方・考え方を働か
せることができるように指導して
いくことが重要です。

ケーキが入る箱を
選んでね。

どっちの箱
かな…？

　小学部２段階以上の知的能力の子どもになると，感覚的な比較（測定）で
はなく，自然科学的な方法で確実に違いがわかるように測定することができ
るようになることが目標となっています（次ページ表参照）。そのために，
まず，二つの量について見比べるための「見方・考え方」を働かせることが
できるようにしていくことが求められます（小学部２段階）。

　このときの「見方・考え方」とは，「一方を『長い』とした場合に他方を
『短い』と決めることに対する理解」であると学習指導要領では記されてい
ます。また，「対象の端をそろえて比べるなど，量の比べ方については３段
階で取り扱う」とも解説されています（『解説各教科等編』pp121-122）。

　このように，対象物を「じっと見て」，感覚的にこっちが「大きい」とか
「長い」という捉え方（考え方）をしていたものが，２段階になると，測定
に関する法則の一部を理解し，そうした「見方・考え方」ができるようにな
ってきます。

　そして，３段階になると，単位を使って二つの量を測定することができる
ように指導をしていきます。このとき，測定する際には端をそろえるなど，
「直接比較による活動から始まり，やがて間接比較や任意単位の幾つ分かで
比較するなどの比べ方を知ったり，説明したりすることができるようにす

る」ことが求められています（『解説各教科等編』p131）。

　一方で，「時刻の読み方や時間の単位」について数学的に（測定の領域として）取り上げるのは，小学部3段階からであることを指摘しておきます。これは，生活のなかで，時計が読めるようになるだけであれば，小学部1段階の子どもでも可能かもしれませんが，時計の読み方や時間の単位などを数学的な見方・考え方を働かせて理解していくのは，ある程度の知的能力が必要だということです。具体的には，「3分間」と「10分間」という時間の量を比べると，「10分間のほうが長い」という認識や，「10時30分から10分経過すると，10時30分より時計は先に進む」というような理解は，ある程度，量と測定の理解が前提となります。

表3-5-1　小学部2段階以上の測定に関する指導目標と内容

小学部2段階	小学部3段階
（目標）量に着目し，二つの量を比べる方法が分かり，一方を基準にして他方と比べる力を養う。	（目標）身の回りにある量の単位に着目し，目的に応じて量を比較したり，量の大小及び相等関係を表現したりする力を養う。
（内容）長さ，重さ，高さ，広さといった属性に注目して二つの量の大きさを比べる。ここでの比べ方は，二つの量における違いのある部分に着目して，一方を長い，もう一方を短いと区別すること。	（内容）属性に着目した二つの量の大きさの比べ方：二つの具体物の端をそろえて並べたり，任意単位の幾つ分かによって二つの量の違いを判断したりすること。（普遍単位については中学部1段階の目標）／時刻の読み方や時間の単位について指導すること。

（『解説各教科等編』pp117-118及びp126を筆者が抜粋してまとめた）

「測定」に関する見方・考え方を働かせる教材開発

(1)感覚的な理解を「確かなもの」にする授業展開

　それでは，上記のような「見方・考え方」を働かせる学びを展開するには
どのような教材・教具を用意することが必要であるのかという点についてみ
ていきたいと思います。

　まず，小学部Ⅰ段階の子どもを対象とした測定の授業では，感覚的・体験
的に理解している「大きさ」や「重さ」「長さ」について，測定の授業を通
して「思った通り，こっちのほうが大きい」といった「確かな認識」にして
いくことが求められます。ただし，この段階の子どもは，数値を用いて比較
したりすることが難しい段階の子どもであるため，計測している様子をみせ
て，考えさせるだけの学習では十分に理解が深まりません。

　むしろ，感覚的に捉えたことを実際に活動してみて，自分なりの大きさや
長さに関する「見方・考え方」と目の前で生じている現象が一致することを
確かめていくような授業を展開することが必要です。先に例示した通り，大
きなケーキを箱に入れてみようとしたけれど，「こっちの箱では入らない」
（「だから，あっちの箱のほうが大きい」）ということを体験的に理解し，そ
れを自然科学的な認識（何度やっても同じことが生じるという認識）へと発
展していくように授業を展開することが必要です。

(2)比べることを楽しく学ぶ教材の開発

　測定の授業づくりでは，上記のような「見方・考え方」を働かせることが
できるように工夫することに加えて，比べたり，測定したりすることを繰り
返しやってみたいと思う教材の開発が重要になります。

　筆者らは，小学部3段階の知的能力の子どもを想定して，「姫を助け出せ」
というストーリーのなかで長さ比べをする実践活動を行ったことがあります。
ここでは悪者に閉じ込められてしまった姫を助け出すために，いくつかのミ
ッションをクリアしないといけないという設定のなかで，次ページの図にあ

るような長さ比べの課題を用
意しました。

　子どもたちは，この課題を
正確に解くために，「端をそ
ろえる」という測定に関する
見方・考え方を意識しながら，
どの巻物が一番長いのかを考
え，判断していました^{注)}。

　こうしたストーリーのなか
で学ぶのであれば，いろいろ
なミッションを子どもに提示

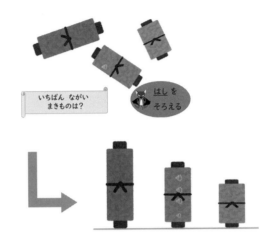

して，繰り返し長さに関する学習を展開することができます。このとき，上
記の課題は「直接比較」をする課題（具体物を三つ並べて見比べるという
「見方・考え方」）を学ぶものとなっていますが，こうした課題をクリアでき
るようになったら，次は「間接比較」（緑の巻物を持って，これよりも長い
巻物を見つける）に関するミッションに変えていくこともできます。

　このようにして楽しく繰り返し考えていくうちに，長さを比べるときには
端をそろえないといけないということがわかってきます。こうした理解は，
測定の見方・考え方が働いている状態であると考えられます。

注）　この実践は幼稚園の年長児にも実践していて，小学部３段階（すなわち，小学校１年生に
　　　なる直前の子ども）に実践可能であることを確認しています。詳しくは，新井英靖（2021）
　　　『特別支援教育におけるアクティブ・ラーニングとカリキュラム開発に関する実践研究』（福
　　　村出版）を参照。

6 データの活用の見方・考え方

小学部２段階の「データの活用」に関する見方・考え方

　データの活用は，小学部２段階以上の子どもに設定されている領域です。この領域は，表題の通り，情報（データ）を表やグラフに表し，それを数学的に読み取ることが求められています。特別支援学校学習指導要領解説では，「簡単な絵や記号を用いた表やグラフから同等や多少を読み取ったり，判断したりする内容は３段階で扱うこととする」とありますので（『解説各教科等編』p118），小学部２段階ではその前段階として，情報（データ）を表やグラフに表して理解することがねらいとなります。

　具体的に小学部２段階では，「ものの分類」「同等と多少」「〇×を用いた表」といった内容を取り扱うことになっています（次ページ表参照）。これは，単に表やグラフを作成できればよいというのではなく，生活のなかにある現象（ゲームの結果などを含めて）が表となって示されているという見方・考え方を働かせることが求められています。

> 「データの活用」の「見方・考え方」とは，身近なものを形，色，大きさなどの属性に加え，用途や目的に着目して分類したものを，一対一の対応によって数の同等や多少の判断をしたり，簡単な絵や記号などを用いた表やグラフで表したりすることです。
>
> （『解説各教科等編』p118）

表3-6-1　小学部2段階の「データの活用」に関する内容

ものの分類	生活の中にある具体物を色や形，大きさに加え，目的及び用途等に注目することから始まり，見た目だけではなく，質的な面にも注目することに気付き，やがて色や形，大きさに加えて目的及び用途等の属性の中から，共通点や相違点を見分けて分類できるようにする。
同等と多少	生活の中にある具体物を題材とし，例えば，コップと歯ブラシなど，「組になるもの」を結び付けながら一対一の対応をする活動から始まり，やがて対応の意味を理解したり，数の同等や多少を判断したりすることができるようにする。また，こうした活動を通して，数が合わないことに気付き，「多い」「少ない」「同じ」という数の多少について関心をもつことができるようにする。
○×を用いた表	○×を用いた表については，例えば，的当てゲームなどの活動の中で，当たったら○，当たらなかったら×など，活動を通して簡単な記号を用いた表を作成することから始まり，やがて記号の意味を理解したり，記入したり，使用したりすることができるようにする。また，こうした活動を通して，○を横に並べ，当たった回数を比較したり，○の数を数えたりするなど同等と多少に関心をもつことができるようにする。

（『解説各教科等編』pp122-123を筆者が抜粋してまとめた）

　たとえば，車庫にいろいろな車が止められていて，「トラックと乗用車が何台ずつあるか数えてみよう」といった課題を出したとします。このとき，2種類くらいの車であれば指をさして数えてしまったほうが早いかもしれません。しかし，トラックを大型・小型にさらに分類するような課題にした場

合には，表にして考えたほうが整
理して理解しやすくなるでしょう。

乗用車				
大型トラック				
小型トラック				

　小学部２段階では，こうした整
理して何台ずつあるのかを把握す
ることが学習課題となります。つ
まり，データの活用という見方・
考え方という点からみると，車庫
にごちゃごちゃと並んでいる車を
みて，表にしたらわかりやすいの

表にして整理
するとわかり
やすいな…

ではないかという点に気付くことが小学部２段階の課題となります。

2　小学部３段階の「データの活用」に関する見方・考え方

　小学部３段階のデータの活用では，「幾つかの種類のものを数える場面に
おいて，絵や図を利用して表し，数を数えたり，比較したりすること，デー
タ数を記号で表し，数を数えたり，比較したりすることにより，同等や多少
を読み取ったり，判断したりすること」が目標となります。この段階では，
単に表にして示すということではなく，「いろいろな事柄を整理したり簡単
な記号で表したりすることを通して，表の意味や記号の意味を理解できるよ

データの活用に関する主な学習活動は，
「㋐ものとものとの対応やものの個数について，簡単
　な絵や図に表して整理したり，それらを読んだり
　すること。
　㋑身の回りにあるデータを簡単な記号に置き換えて
　表し，比較して読み取ること」
です。
（『解説各教科等編』p133）

うにすること」が求められています（『解説各教科等編』p126）。

　これは，二つ以上のものごとを比較し，表やグラフに示したうえで，その結果の意味についても理解できるようになることが求められているということです。データの活用に関する「見方・考え方」という点で言えば，表やグラフのどこを見れば（見方），表やグラフの意味がわかるのかについて思考すること（考え方）がこの段階の指導で求められています。

　こうした「見方・考え方」を働かせ，表やグラフの意味を読み取るためには，以下のような指導過程を授業でつくり出すことが必要です。この点に関しても，関心をもった事象に関して，「これは，絵や図で表すことができるのではないか」という見方ができるようになることが求められます。そのうえで，小学部3段階の子どもには，表やグラフで示したものを量の多少などに変換する思考力（考え方）が求められます。

表3-6-2　小学部3段階の子どもの「データの活用」の指導過程

⑦身のまわりの事象について関心をもつ
⑦個数に着目して簡単な絵や図などに表し，整理する
⑦数が最も多いところや少ないところなどを読み取ることで特徴を捉えることができるようにする

（『解説各教科等編』p133を筆者が抜粋してまとめた）

3 「データの活用」に関する見方・考え方を働かせる教材開発

⑴データの活用に関する見方・考え方を働かせる教材・教具

　「データの活用」では，表やグラフにして示すとわかりやすい現象を教材にするのがよいと考えます。特別支援学校学習指導要領解説では，「毎日の天気調べ等の日常生活に関連する記録方法やボウリング遊び等のゲーム」などが例として挙げられています（『解説各教科等編』p133）。

ただし，これまで他の領域においても指摘してきた通り，表やグラフに示すことができる取り組みであれば何でもよいというわけではありません。調べたことや目の前で生じたこと（ゲームの結果なども含む）について，どちらが多いのかなどを「どうしても知りたい」と思う教材を考えることが重要です。

　たとえば，「毎日の天気調べ」のなかで，晴れの日と雨の日を表にして表し，今月は晴れの日のほうが何日多いか？という課題を設定すれば，表を作成し，データを読み取る学習はできます。しかし，子どもにとってそれが「どうしても知りたい」と思う情報ではなかったら，「教師に言われた通りに表を作る」ことでしかなく，表を深く読み取ろうとすること（「見方・考え方」を働かせること）に至らないことも多くなります。

　この点をふまえると，ボウリングゲームのような活動のなかで，自分のチームは相手のチームよりたくさんのピンを倒すことができているのかを考える授業のほうが「どうしても知りたい」と思う内容となるでしょう。このとき，ボウリングのピンの形をした記号を表の中に入れることも考えられますが，ピンを抽象化した形（マーク）を表に記入していくことで，「多い・少ない」を実感することができます。

　これは，単に表の見方がわかればよいのではなく，表に記載されているデータの意味を理解するために必要な力でもあります。つまり，横に並んだ一つ一つの形（マーク）を縦に重ねて置いたら，二つのチームの差がわかるということが，表の見方・考え方であり，データの読み取りということにな

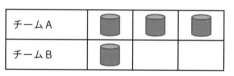

チームAのほうが多いかな？

ります。この点について，特別支援学校学習指導要領解説では，「記号を整理しまとめるうちに，整理された記号の『長さ』あるいは『高さ』により，

事柄の多少を比較することができるようにし，棒グラフへ発展させる基礎を養うようにする」と記載されています（『解説各教科等編』p134）。

並べると多いほうがわかるぞ！

チーム A　チーム B

⑵データの活用の見方・考え方を働かせる教師の「問い」

　以上のように，目の前の現象（ゲームなどの結果など）を表にして，それを読み取る際に，データの活用に関する「見方・考え方」が働いていると言えます。ただし，数学的な見方・考え方というものは，表を「じっと見る」だけで働くものではなく，「表のどこに着目すればよいのか」という点を教師が授業のなかで子どもに「問い」かけることが必要となります。

　たとえば，「ボウリングでたくさんピンを倒したチームの表はどうなっているかな？」というように教師が子どもに「問い」かけると，子どもはたくさん倒したチームの表をみて，他のチームとの違いを見つけ出すかもしれません。このとき，「表が埋まっている（白い部分＝空白が少ない）」という点に気付けたら，それは，その子どもなりに「表を読み取れるようになった」と言えるでしょう。

　こうした「問い」を繰り返していくなかで，データの活用に関する見方・考え方が発展していき，目の前の現象を表やグラフで整理して考えることができるようになっていくことが求められています。

第4章

生活科・理科・社会科の
「見方・考え方」を働かせる
授業づくり

1 生活と関係する教科を通して 身に付ける資質・能力

1 生活科・理科・社会科はどのような教科か？

　これまで，知的障害児に対する指導では，生活に必要な力を身に付けることが主たる目的でした。加えて，知的障害児教育では，こうした「生活に必要な力」は生活科・理科・社会科といった個別の教科によって学ぶよりも，「本物の生活」を実際的・体験的に学ぶほうが身に付くと考えられたことから，教科等を合わせた指導である生活単元学習を通して学ぶことが主流でした。

　しかし，現在の学習指導要領では，AI（人工知能）の急速な発達により，将来の生活を予測することが難しい時代に突入したために，「本物の生活」を実際的・体験的に学ぶよりも，多様な状況のなかで思考し，教科の本質をつかむことのほうが重要であると考えられるようになりました。そのため，知的障害児教育においても生活科・理科・社会科を時間割に入れて授業を展開する学校が多くなってきました。

生活科は「生活に関わる見方・考え方」，理科は「理科の見方・考え方」，社会科は「社会的な見方・考え方」を働かせることです。

（『各教科等編』p41／p279／p332）

2 「生活科」「理科」「社会科」の見方・考え方を働かせるには？

　学習指導要領では，各教科のなかでそれぞれの「見方・考え方」を働かせるために，以下のことを学ぶことが求められています（表4-1-1）。

表4-1-1　生活科・理科・社会科の見方・考え方

生活科	具体的な活動や体験を通して，自分自身，身近な人々，社会及び自然の特徴やよさ，それらの関わり等に気付き，そのなかで考え，表現する。
理科	自然に親しみ，見通しをもって，観察，実験を行うことなどを通して，自然の事物・現象についての問題を科学的に解決する。
社会科	社会的事象について，自分の生活と結び付けて具体的に考え，社会との関わりの中で，選択・判断したことを適切に表現する。

（『解説各教科等編』p41／p280／p332を筆者が抜粋してまとめた）

　このように，生活科・理科・社会科は社会や自然に関する身近な事象を，具体的な活動や体験を通して学ぶ教科ではありますが，決して生活のなかで活用することを唯一の目的とするものではありません。

　ここでは，生活に関連する教科として生活科・理科・社会科をまとめて解説しますが，これらの教科の見方・考え方は根本的に異なるところがあります。それは，理科は自然科学が基礎となっている教科である一方で，社会科は社会科学が基礎になっているという点です。生活科はその両者の見方・考え方が融合した教科であり，こうした教科の特性を意識して授業づくりをすることが重要となります。

2 生活科の見方・考え方

1 生活科の「見方・考え方」と生活単元学習の違い

　特別支援教育の教科学習は長い間，目標のなかに「生活に必要な～の力を養い…」と表記されていました。従前のように，生活に必要な力を身に付けることが目標であったなら，知的障害児の障害特性を考えると，「本物の生活」を実際的・体験的に学ぶ生活単元学習のほうがよいと考えることが合理的であったかもしれません。

　しかし，現在の学習指導要領では，生活を体験するだけでは身に付けることが難しい各教科の「見方・考え方」を働かせることができるように指導していくことが求められています。具体的に生活科では，以下のような「見方・考え方」に着目した実践を展開することが期待されています。

> 生活に関わる見方は，「生活を捉える視点であり，生活における人々，社会及び自然などの対象と自分がどのように関わっているのかという視点」です。
> また，生活に関わる考え方とは，「自分の生活において思いや願いを実現していくという学習過程の中にある思考であり，自分自身や自分の生活について考えることやそのための方法」です。(『解説各教科等編』p41)

これまで，知的障害児教育の指導形態の主流であった生活単元学習は，「児童生徒が生活上の目標を達成したり，課題を解決したりするために，一連の活動を組織的・体系的に経験することによって，自立や社会参加のために必要な事柄を実際的・総合的に学習するものである」と定義されています（『解説各教科等編』p32）。この点を字句通りに捉えると，生活単元学習は，「見方・考え方」を働かせて学ぶ個別の教科とは異なるものであり，どちらかというと総合的な学習（探究）の時間のねらいに近いものであると考えます。

　「生活科」と「生活単元学習」は取り上げるテーマや課題が似ていることもあり，一見すると，両者が関連性のある授業として論じられます。しかし，生活に関する「見方・考え方」を働かせて学ぶ生活科と，自立や社会参加に必要な生活上の課題を解決するために実際的・総合的に学習する生活単元学習は「ねらい」のレベルで異なるものだと捉えるべきだと考えます。

2　買い物学習で生活科の「見方・考え方」を働かせる

　この点について，具体的な授業を例にしてみていきましょう。「生活科」と「生活単元学習」のどちらでも取り上げられる「ク　金銭の扱い」で考えてみたいと思います。

　生活単元学習で「買い物」の学習を行うときには，学習内容を個々の教科に分けずに一連の活動を総合的に学ぶように進められます。一方で，生活科で「買い物」を取り上げる場合には，

> ⑦中学部職業・家庭科における「消費生活・環境」の指導内容につながっていくこと
> ⑦算数科の内容との関連を図りながら，単に金銭の取扱いだけに終わることなく，その価値や意味にも触れること　　（『解説各教科等編』p49）

というように，生活科の内容が他の教科の学習へと接続することになります。
つまり，生活科で買い物を課題にして授業を行う場合には，子どもに「消費
生活・環境」や「金銭の価値や意味」に着目させ（見方），思考したり，表現したりすることが求められます（考え方）。この点において，生活単元学習とは違う学びであると考えます。

ゴミが少なくなるように買い物をしてみよう

ビニールは分別して捨てる！

3　生活科の内容の整理

　以上の点をふまえると，生活科で「見方・考え方」を働かせるように授業を行う場合には，生活をどのような視点で見るかという点を意識することが必要です。これは，生活科の内容を教師が念頭において，授業のなかでどの点に着目するのかを明確にしておく必要があるということでもあります。

　そこで，特別支援学校学習指導要領に記載されている生活科の内容を整理すると，次のページのようになります。この表にあるように，生活科で取り上げることは，理科や社会科に接続するものが多く含まれています。一方で，「基本的な生活習慣」や「安全」に関することなど，日常生活の指導に近い内容も含まれていることが知的障害児に対する生活科の特徴です。

　これは，知的障害児には，生活に関する「見方・考え方」を働かせるには，教科の体系性からだけで内容を構成するのではなく，生活そのものを取り上げて「見方・考え方」を働かせることも必要であると考えられたからだと言えます。この点においても，知的障害児教育の生活科は特徴的な学びであると考えられます。

表4-1-2　知的障害児への生活科で取り上げるテーマと具体的な学習内容

テーマ	具体的な学習内容（小学部１段階）
ア　基本的生活習慣	【食事】【用便】【寝起き】【清潔】【身の回りの整理】【身なり】
イ　安全	【危険防止】【交通安全】【避難訓練】【防災】
ウ　日課・予定	【日課】
エ　遊び	【いろいろな遊び】【遊具の後片付け】
オ　人との関わり	【自分自身と家族】【身近な人との関わり】【電話や来客の取次ぎ】【気持ちを伝える応対】
カ　役割	【集団の参加や集団内での役割】【地域の行事への参加】【共同での作業と役割分担】
キ　手伝い・仕事	【手伝い】【整理整頓】【戸締まり】【掃除】【後片付け】
ク　金銭の扱い	【金銭の扱い】【買い物】【自動販売機等の利用】
ケ　きまり	【自分の物と他人の物の区別】【学校のきまり】【日常生活のきまり】
コ　社会の仕組みと公共施設	【家族・親戚・近所の人】【学校】【いろいろな店】【社会の様子】【公共施設の利用】【交通機関の利用】
サ　生命・自然	【自然との触れ合い】【動物の飼育・植物の栽培】【季節の変化と生活】
シ　ものの仕組みと働き	【物と重さ】【風やゴムの力の働き】

（『解説各教科等編』pp44-53を筆者が抜粋してまとめた）

4　生活に関わる「見方・考え方」を働かせる教材開発

(1)避難訓練の「見方・考え方」とは？

　それでは，生活に関わる「見方・考え方」を働かせる授業実践例について考えてみましょう。たとえば，「イ　安全」の項目のなかに避難訓練に関する内容が含まれていますが，生活科で行われる避難訓練は，特別活動で実施する避難訓練とどこが違うのでしょうか。

　特別支援学校学習指導要領では，生活科における避難訓練の内容について，「教師と一緒に避難する，指示に従って避難する」などが示されています。ここでは，「教師と手を繋いだりして，適切な行動ができることが大切である」という留意点も記載されていますので，適切な避難行動をとることができるということも生活科では目標となります（『解説各教科等編』p45）。この点については，特別活動で行われる避難訓練と大きく変わらないかもしれません。

　しかし，この項目は大きな「ねらい」として，「⑦身の回りの安全に気付き，教師と一緒に安全な生活に取り組もうとすること」や「⑦安全に関わる初歩的な知識や技能を身に付けること」という点が挙げられています。これは，単に火事や地震を想定して，災害時にどのように行動すればよいかを学ぶだけでなく，「危険な場所」はどこかという「見方」ができたり，「危険な場所を見たときに，どのように行動すればよいか」という考え方を学習することが生活科の授業では求められるということです。

　一方で，特別活動で避難訓練を行う場合には，子どもには適切な行動をすることを促し，どのくらいの時間で避難が完了するのかといった学校側の安全管理上のシミ

> ぐらぐら揺れたら，この荷物はどうなる？

> 落ちる？危ない？

ュレーションも含まれます。その反面，生活科は，生活に関わる「見方・考え方」を働かせ，安全に関する新しい知識を得ながら，思考したり，判断したりするといった教科学習として避難訓練を実施することが求められます。

(2) 「見方・考え方」を働かせる教材開発のポイント

　具体的に，生活に関わる「見方・考え方」を働かせて避難訓練を行う場合には，避難訓練のなかで一連の避難行動を学ぶだけでなく，「安全に関する知識を学ぶこと」や「安全な行動について考えること」を学ぶ必要があります。

　たとえば，「地震で揺れると物が上から落ちてくる」ということを実験的に再現し，子どもたちが目の前でその状況をみるなどが考えられます。こうした場面をみた子どもたちに，「上から物が落ちてくるから，地震がきたらみんなはどうすればいい？」と問いかけることで，「机の下に頭を隠す」という避難行動をとる意味が理解できるようになります。

　こうした「災害時の状況」を再現し，安全について学ぶと，「教室から校庭まで避難するために動く」だけでなく，一度，立ち止まり，「地震のときにはこんなふうになるよ」とか「こんなふうになったときにはどうすればいいかな？」と考える力が身に付きます。

　そして，こうした学習をするためには，地震のときに起こる状況を再現する教材開発が必要です。また，その教材を使って学ぶ中で，子どもにどのような知識を与え，何を考えさせるかという「問い」を準備しておかなければなりません。こうした意図的な授業設計があるからこそ，「安全」に関する新しい「見方」ができるようになり，生活科を通してこれまでと違った思考や判断（考え方）ができるようになるのだと考えます。

3 理科の見方・考え方

1 自然科学的なものの「見方・考え方」を働かせる

　私たちが日常生活で理科の知識を生かして生活していることがあるかと問われたら，たとえば，天気図が理解できたら，気温を見てどんな服装をすればよいかがわかるとか，傘を持っていくほうがよいということがわかる，という点かもしれません。

　もちろん，こうした思考や判断ができるようになるために，「天気図」について学ぶ学習をすることはあってもよいでしょう。しかし，理科は生活に役立つ知識を得るためだけの教科ではなく，学習指導要領では「自然の事物・現象についての問題を科学的に解決するために必要な資質・能力」を育成することが目標となっています。

理科を通して身に付ける力は，
「(1)自然の事物・現象についての基本的な理解を図り，観察，実験などに関する初歩的な技能を身に付ける。
(2)観察，実験などを行い，疑問をもつ力と予想や仮説を立てる力を養う。
(3)自然を愛する心情を養うとともに，学んだことを主体的に日常生活や社会生活などに生かそうとする態度を養う」ことです。(『解説各教科等編』p332)

このように，理科は，単に自然に関する事物や現象を取り上げ，理科の知識を得るために，実験や観察などを通して疑問をもち，予想や仮説を立てながら，自然に関する事物や現象を深く理解することが重要です。これは，理科という教科では自然科学的なものの見方・考え方を働かせるように指導することが必要であり，自然に関する事物や現象について「表面的に知る」だけでなく，「見えない原理や法則」に着目させることが必要になるということを意味しています。

2　授業実践例から考える理科の「見方・考え方」

　たとえば，『解説各教科等編』では，「地面は太陽によって温められ，日なたと日陰では地面の暖かさに違いがあることなど，太陽と地面の様子との関係に気付くこと」（中学部1段階；B地球・自然，p339）が例として挙げられています。この内容を理科という教科で学習する場合には，「太陽」という事物と言葉が一致するとか，気温を計測することができるといった生活に必要な知識や技能を身に付けるだけでは不十分です。それに加えて，「日なたと日陰で温度の差がある」という「比較」ができ，その差が太陽の日差しによってもたらされているという「見方・考え方」を働かせて，より深く現象を理解することが求められます。

　以上のように「比較して，因果関係を理解する学び」は，普段，何気なく生活しているだけでは身に付くものではなく，教師が意図的・体系的に教科学習を展開していくことが必要となります。具体的に言えば，日なたと日陰に同じ形の「氷」を外に置いて，どちらの氷が早く融けるかを実験し，そ

どうしてこっちの氷が
先に融けたのかな？

太陽があたっていて
暖かいから？

の様子を観察することで,「日なたのほうが暖かい」ということに気付くというような授業が考えられます。このとき,「暖かい」場所と「寒い」場所についてそれぞれ何度かを調べるといった授業を展開することが理科の学び方です。

　以上のような授業実践例からわかることは,理科の「見方・考え方」を働かせるためには,「実験」や「観察」を通して,「比較」したり,「因果関係を考察する」といった学習活動を教師が意図的に用意することが必要になるということです。理科の授業づくりにおいては,こうした理科的な思考や表現につながるように学習指導案を立案することが重要です。

　特別支援学校学習指導要領では,具体的には,以下のような「見方・考え方」を働かせるようにすることが求められています。このように,一つの事象でも「同じところと違うところ」を比較したり,時間の経過に沿って因果関係を関係付けるなど,理科的な見方・考え方ができるように授業を展開していくことがポイントとなります。

　このことは,特別支援学校学習指導要領で「生徒が自然に親しむことによって見いだした疑問に対して,予想や仮説をもち,それらを基にして観察,

表4-3-1　理科の見方・考え方を働かせる授業づくりのポイント

見方	○問題解決の過程で,自然の事物・現象をどのような視点で捉えるか ●生命…主として多様性と共通性の視点で捉える ●地球・自然…主として時間的・空間的な視点で捉える ●物質・エネルギー…主として質的・実体的な視点で捉える
考え方	○問題解決の過程で,どのような考え方で思考していくか ●生徒が問題解決の過程の中で用いる,比較,関係付け,条件制御,多面的に考えること

（『解説各教科等編』p333を筆者が抜粋してまとめた）

実験などの解決方法を理解したり検討したりして，具体的に確認していく」
と指摘されていることからも言えます（『解説各教科等編』p334）。

3 理科の学習内容と「見方・考え方」

　理科の学習内容は，「Ａ　生命」「Ｂ　地球・自然」「Ｃ　物質・エネルギー」の三つの領域から構成されています。具体的には，各領域において以下のような内容を取り上げることになっていますが，理科の授業においては，これらの知識を得ることが目的となるのではなく，その奥にある「原理」や「法則」を考えることが重要です。

　特別支援学校学習指導要領解説でも，中学部１段階の「Ｃ　物質・エネルギー」のなかで，「ものづくりを通して行うよう配慮すること」と注釈がついているように，教師が原理や法則を一方的に教授するのではなく，あくま

表4-3-2　理科の分野と各段階の内容

分野	中学部1段階	中学部2段階
A　生命	ア　身の回りの生物 　　（飼育，栽培）	ア　人の体のつくりと運動 イ　季節と生物
B　地球・自然	ア　太陽と地面の様子	ア　雨水の行方と地面の様子 イ　天気の様子 ウ　月と星
C　物質・エネルギー	ア　物と重さ イ　風やゴムの力の働き ウ　光や音の性質 エ　磁石の性質 オ　電気の通り道	ア　水や空気と温度

（『解説各教科等編』pp340-360を筆者が抜粋してまとめた）

でも生徒が原理や法則に気付き，主体的に考えることができるように授業を展開することが求められます。ただし，楽しくものづくりをすることが学習の目的ではないので，物質やエネルギーの本質を深く理解できるように，対話しながら授業を工夫することが重要です。

4　理科の「見方・考え方」を働かせる教材開発

　具体的に理科の授業で考えてみましょう。特別支援学校学習指導要領では，中学部Ⅰ段階のなかに「風やゴムの力の働き」という内容があります。この内容を取り扱う場合には，風の力で動く船を作って水に浮かべて動かしたり，ゴムの力で走る車を作ってどのくらいの距離を走行できるかを実験するなど，生徒が興味をもつ教材を選定することが考えられます。

　しかし，船や車を作って，動かし，楽しむことが理科の本質なのではなく，あくまでも「風（ゴム）の力は，物を動かすこと」を学ぶ授業でなければなりません。また，「風（ゴム）の力の大きさを変えると，物が動く様子も変わること」など，深い理解ができるように授業を展開することも重要です。

　このとき，『解説各教科等編』では，知的障害児の実態に応じて，「風の強さやゴムの伸びなどと物の動きとの関係を簡単な表や画像，動画記録などを使って整理することや，移動させた距離を測ったり，紙テープなどを用いて比べたりする」といった例が示されています。そして，「風を強くしたら，速く物が動くのかな」とか，「ゴムをたくさん引くと，遠くまで物が動くのかな」といった考えをもつことができるように教師は生徒たちに問いを投げかけ，可能な限り対話しながら思考を深めていくように授業を進めていく

どっちの船が速く
進むかな？

それはどうして
だと思う？

こっち
かな？

ことが求められます。

　こうした理科的な見方・考え方が身に付くと，「風が吹かなくなったら船はどうなる？」というような問いに対しても自然科学的に考えることができるようになると考えられます。

5　トピックス的に学ぶ理科の指導計画

　教科学習はその分野を体系的に指導することができるように「領域」別に内容が整理されています。理科の場合は，物理・化学・生物・地学の四つの分野に分かれていますが，特別支援学校学習指導要領に示されている知的障害児に対する理科の内容では，「化学」の領域に関することはほとんどなく，主として物理・生物・地学の三つの領域に関する内容が主となっています。

　といっても，これらの領域をすべて体系的に学ぶには，相当程度の学習時間を確保しなければなりません。しかし特別支援学校では，国語科や数学科などの他の教科の指導時間を確保することも考慮しなければならず，必ずしも理科に多くの時間が割けるわけではないでしょう。そのため，理科の年間指導計画では，「Ａ　生命」「Ｂ　地球・自然」「Ｃ　物質・エネルギー」の三つの領域の学習が偏らないように配慮しながらも，生徒が関心をもちそうな内容をトピックス的に学ぶ計画を立てていくことが必要となることも考えられます。

4 社会科の見方・考え方

1 社会的事象に関する「見方・考え方」を働かせる

　前節で取り上げた理科の「見方・考え方」は，事物や事象を目の前に出現させ，「どうしてこうなったのか？」を考える学習を展開することができるので，知的障害児でも生活するだけでは気付くことのなかった見方や考え方を働かせる授業づくりがイメージしやすいかもしれません。

　社会科についても，基本的なことは理科と同じで，以下のような社会科学的なものの「見方・考え方」を働かせながら，思考し，表現することが目的となります。そして，その方法として，調べたことをもとに考えたり，考えたことをまとめて発表したりして，社会の事象や原理を深く学んでいきます。

　一つわかりやすい例を挙げると，祖父母などに手紙を書いて切手を貼り，ポストに投函してみるといった学習はこれまでにも生活単元学習の授業で行われてきました。こうした学びを社会科として行うとしたら，単に手紙をポストに入れて祖父母に届いたかどうかとか，祖父母から返信がきたかどうかを取り上げるだけではなく，投函した手紙はどこを経由して祖父母の家に届

「社会的な見方・考え方」は，「社会的事象の意味や意義，特色や相互の関連を考えたり，社会に見られる課題を把握して，その解決に向けて社会への関わり方を選択・判断したりする際の『視点や方法（考え方）』」です。
（『解説各教科等編』p280）

けられたかといった「郵便システム（社会のしくみ）」に着目することがポイントとなります。

2　授業実践例から考える社会科の「見方・考え方」

　具体的に，特別支援学校学習指導要領に記載されている社会科の内容のなかで，「郵便システム」の学習に近い内容を探すと，中学部2段階のなかに「生活を支える事業」があります。『解説各教科等編』では，水道，電気及びガスなどの事業が取り上げられていますが，ここで学ぶことは日常生活のなかで必要となる「ごみの出し方」や「ガスの使い方」についてではなく，ごみに関する「供給や処理の仕組みや経路を実際に見て理解を深め」て，「安全で安定的な供給や処理のための工夫，人々の協力などに着目し，それらが生活環境の維持と向上に役立っていることや，自分の生活と深く関わっていること」を考えることです（『解説各教科等編』p296）。

　もちろん，最終的にはこうした学びを経て，「学校や家庭での水道や電気の節約やごみの分別」ができるようになることも重要なことの一つではあります。しかし，社会科では，実際にごみを分別できるようになることが主たる目的なのではなく，SDGs の観点からリサイクルや省エネルギーといった「見方・考え方」へと結び付くように学びを進めていくことが求められています。

3 「見方・考え方」を働かせる社会科の内容

　以上のように，社会科の「見方・考え方」を働かせるためには，生活のなかでみられる現象（郵便やごみ収集など）を捉え，その奥にある「しくみ」や「法則」に着目することが重要となります。特別支援学校学習指導要領では，こうした社会科における「見方・考え方」を働かせることで，以下のような「公民としての資質・能力の基礎」を育成することを目指しています。

表4-4-I　社会科で育成を目指す「公民としての資質・能力の基礎」

> 地域社会や我が国における人々の社会生活の中で，自他の人格を尊重し合うこと，社会的義務や責任を果たそうとすること，社会生活の様々な場面で多面的に考えることなどの態度や能力

（『解説各教科等編』p280）

　このように，社会科を通して地域・社会のなかの一員として義務や責任を果たそうとする人を育成することが重要であり，そのなかで，社会に関するさまざまな問題や事象について（みんなで）多面的に考えることが社会科の授業を展開するポイントとなります。
　社会科では上記の資質・能力を育成するために，一般的に地理・歴史・公民（公共）といった領域を設けて学習内容を整理しています。知的障害児に対する社会科の内容でも，基本的にこれらの３領域を意識した内容が示されていますが，実際には少しかみ砕いて，具体的に内容が示されています（次ページ参照）。このように，知的障害児の社会科においては，小学校の生活科の内容をふまえながら，社会について深く学ぶことにつながるような授業を展開していくことが必要です。

表4-4-2　知的障害児への社会科で取り上げるテーマと具体的な学習内容

テーマ	具体的な学習内容（中学部1段階）
ア　社会参加ときまり	小学部生活科の「カ　役割」と「ケ　きまり」に関連するもの。家庭での約束事から身近なルールや規則，国家のきまりである法律等を学ぶ。
イ　公共施設と制度	小学部生活科の「コ　社会の仕組みと公共施設」を発展させたもの。公共施設や公共物の役割と行政等が提供するサービスについて学ぶ。
ウ　地域の安全	地域防災の観点から新設された内容。火災や交通事故，犯罪への対応を学ぶとともに，災害や事故に対する施設・設備などの配置，緊急時への備えや対応について学ぶ。
エ　産業と生活	小学部生活科の「キ　手伝い・仕事」を発展させたもの。生産，運輸，販売，消費に関する産業について学ぶとともに，商品を購入する消費者の多様な願いを踏まえ，売り上げを高めるよう工夫していることなども学ぶ。
オ　我が国の地理や歴史	小学部生活科の「コ　社会の仕組みと公共施設」の地理的な内容や社会の様子に関連するもの。我が国の国土に関する地理的な事象，歴史や伝統と文化，それらと人々の生活との関連についても取り上げる。
カ　外国の様子	従前の学習指導要領の「外国の様子」の内容を引き継ぐ世界各国の生活習慣，文化，子供の生活，あいさつ，マナー，自然，産業，歴史的背景及び最近の文化やスポーツ等の出来事について取り上げ，異なる文化や習慣を知る。

（『解説各教科等編』pp282-290を筆者が抜粋してまとめた）

4　社会的な「見方・考え方」を働かせる教材開発

⑴「産業と生活」に関する教材の開発

　具体的に社会科の教材を取り上げて考えてみましょう。中学部１段階の「エ　産業と生活」のなかに、「仕事の種類や工程などに着目する」という項目があります。社会科の授業では、作業学習などのなかで自分が関わっている物を製造する工程や販売などを参考にしながらも、仕事全般に関して「生産物、商品に注目し、人々の生活との関わりについて考えられるよう指導する」ことが求められます（『解説各教科等編』p287）。

　社会的な「見方・考え方」を働かせる教材の開発という点からみると、仕事を実際に見学し、働く人の様子を観察したり、聞き取ったり、仕事の一部を体験したりするなど、実際的な学びが重要です。その一方で、生徒は「地形や気候などの自然条件」や「働く人の様子」、「機械や道具などの工夫」に着目することが社会科の「見方」を学ぶことになります。そうしたなかで、「安全の確保のための努力」や「販売する側の工夫と消費者の願いの関連付け」について思考し、表現するといった「考え方」へと結び付けていくことが社会科の教科学習ということになります。

⑵「社会参加ときまり」に関する教材の開発

　「産業と生活」が地理的内容が中心となっているとしたら、「社会参加ときまり」は、社会の法律や規則に関することが中心的な内容となっているので、公民（公共）分野の学習と言えます。

　たとえば、校外学習に出かけたときの道の歩き方やバスの乗り方などを内容として取り上げたとします。この学習が特別活動や道徳の時間であれば、みんなで一列になって歩くことや、バスの中では騒がないなどの「社会的なマナー」や「規範」の指導が中心となるかもしれません。

　しかし、この内容を社会科として指導するとしたら、信号や横断歩道などの決まりがなぜ必要なのか」について考えるなど、規則があることの意味や

理由に着目することが社会的な「見方・考え方」を働かせる授業づくりとなります（『解説各教科等編』pp283-284）。

　そして，信号や横断歩道のルールから派生して，交通規則全般に学びを広げていくことも社会科の授業では必要となります。『解説各教科等編』でも，「通学路にある標識に触れ，どのような標識があるのか，なぜ標識があるのかなどの問いを設けて，調べたり，話し合ったりするなど，その意味を考える活動」が大切だと指摘されています（『解説各教科等編』p284）。

5 身近な生活のテーマを取り上げ，生活を超えた学習へ

　以上のように，社会科の授業では，社会的な「見方・考え方」を働かせて，思考や表現ができるように指導することが重要です。これは，生活のなかで直面する課題を取り上げても，リサイクルや省エネなど，社会的な諸課題を深く学ぶように学習を発展させていくという意味です。

　もともと，社会科は行ったことのない地域を地理で学んだり，生きたことのない過去の歴史を学んだりする内容が含まれています。これは，今を生きる私たちの日常生活のテーマや課題を超えた学びが社会科では求められているということでもあります。こうした点をふまえて，社会的な「見方・考え方」を働かせる授業づくりを計画することが重要となります。

第 5 章

音楽科・美術（図画工作）科の
「見方・考え方」を働かせる
授業づくり

1 芸術系教科の見方・考え方

1 芸術系教科の本質

　学校教育の中で，芸術の分野を学習するのが図画工作／美術科（以下，美術科）と音楽科です。これらが公教育における教科であることの意味は，この国のすべての人にそれを学ぶ価値があるということを前提にしているということです。では，私たちにとって芸術とは必要なものなのでしょうか。

　まず，前提とすることは，私たちは，一人ではなく，周囲にいる様々な人と関わりながら生活を送っているということです。例えば，2011年3月11日，東日本大震災によって，多くの人の命や生活が奪われました。未曽有の災害の後の心理支援として用いられた一つに「表現活動」がありました。災害後の中長期対応の時期に適切な形で自らの体験に触れ，それを表現することが心の回復にとって重要な意味をもちました。つまり，私たち人間は，震災後を生き抜くために，震災での体験を表現することが必要だったのです。

　学校教育において，「表現活動」と深く関わる教科が美術科と音楽科です。このような「人間の本質」に関わる教科としてこれらの芸術系教科を捉え直すことで，今までみえてこなかった意味や必要性がみえるようになります。そして，こうした意味のある実践を展開するために必要な視点が「芸術的な見方・考え方」です。

　「見方・考え方」とは，教科等の特質に応じて子どもたちがどのような視点で物事を捉え，どのような考え方で思考するかといった物事を捉える視点のことです。芸術系教科で言い換えると，次のようになります。

表5-1-1 芸術的な「見方・考え方」とは？

芸術的な見方	身に付ける知識・技能等を統括および包括する視点
芸術的な考え方	芸術系教科ならではの認識や思考，表現の方法

2 美術科と音楽科の相違点と共通点

　芸術表現を美術科と音楽科に区別するとしたら，美術科が「空間」の芸術表現であるのに対して，音楽科は「時間」の芸術表現であるという点です。言い換えると，空間的・時間的視点で物事を捉え，空間的・時間的な認識や思考，表現の方法を用いることが芸術的な「見方・考え方」を働かせるということになります。

　たとえば，子どもたちが修学旅行でテーマパークに行った場面について取り上げると，修学旅行の事前学習から，子どもたちはテーマパークに行くことを心待ちにしているでしょう。修学旅行当日，テーマパークに到着すると，子どもたちはそのきらびやかな空間や楽しげな BGM に心躍り，まさに夢の国を1日かけて体験します。テーマパークには，さまざまなキャラクターや建物，オブジェがあります。このように，子どもたちは，造形的・音楽的魅力に溢れたなかを夢中になって1日楽しみます。そして，子どもたちは楽しかった思い出とともに帰路につき，また日常の生活に戻っていきます。この体験こそが芸術系教科の鑑賞であり，そのなかで生起された子どもたちの「爆発するような感情」を形にしようとする基礎だと言えます。

　こうした「爆発するような感情」を形にすることが音楽科や美術科の授業です。もしかしたら，芸術系教科は生活の実用性があまりないかもしれません。しかし，これらの教科は，私たちの「生」を豊かにするものであり，それこそが人間の本質とつながる営みだと考えます。そして，子どもたちが芸術的な「見方・考え方」を働かせることで，生活にゆとりが生まれ，周囲の変化にも適応的に振舞えるようになり自己肯定感も高まると考えます。

2 音楽科の見方・考え方

1 音楽科の「見方・考え方」を働かせるとは？

　私たちは日常的に音楽と触れ合っています。テレビをつければ，ＣＭで流行りの音楽が使われていたり，音楽番組では様々なアーティストが様々な曲を歌っていたりします。また，気分に合わせて音楽を聴くこともあります。元気がないときには明るい音楽を聴いて元気を出したり，リラックスしたいときにはクラシックやヒーリング音楽，川や雨などの環境音を聴いたりする人も多いと思います。音楽は私たちの生活に密接な関わりがあり，私たちの生活に寄り添っているものと言えます。それでは，音楽科の授業ではどのような活動を通して，生活のなかの音や音楽に興味関心をもって関わる資質・能力を育成していくのでしょうか。

　特別支援学校学習指導要領解説では，「表現及び鑑賞の活動を通して，音楽的な見方・考え方」を働かせて資質・能力の育成をすることを目指すと書かれています（『解説各教科等編』p141）。また，音楽的な見方・考え方については，「音楽に対する感性を働かせ，音や音楽を，音楽を形づくっている要素とその働きの視点で捉え，自己のイメージや感情，生活や文化などと関連付けること」と書かれています（『解説各教科等編』p142）。これらの点を整理すると次のようになります。

　たとえば，音楽的な見方・考え方を私たちの日常生活のある一場面に置き換えて考えてみます。街を歩いていると聴き覚えのあるメロディが聴こえてきました（表5-2-1の①）。よく聴いてみると，それは人々がユートピア的な世界を思い描き，その思いを共有すれば世界を変えることができるとい

表5-2-1　音楽的な「見方・考え方」を働かせるポイント

①音楽に対する感性を働かせる
②音や音楽を，音楽を形づくっている要素とその働きの視点で捉える
③自己のイメージや感情と関連付ける
④生活や社会，伝統や文化などと関連付ける

うことを歌ったある有名な曲でした。テレビや新聞で連日報じられている戦争のニュース（表5-2-1の④）から感化される感情（表5-2-1の②③）と曲想が重なり，気付くと足を止め，音楽に聴き入っていました。こういった経験をされたことがある人は少なくないと思います。

　つまり，私たちは「音」を耳にするとき，常に音楽的な見方・考え方を働かせているわけではなく，ある「音」をきっかけに音楽的な見方・考え方を働かせることで，自分や社会に関連付けながら，生活のなかの音や音楽に興味や関心をもって関わっているということです。

２　「見方・考え方」を働かせる授業づくりのポイント

⑴時間の流れとともに「鑑賞」し，「表現」する

　それでは，音楽的な見方・考え方を働かせる授業とはどのようなものでしょうか。最初に音楽科の教科の本質について考えてみたいと思います。音楽科は，「歌う」ことや，「楽器を弾く」ことを子どもに指導する教科であるというイメージが強いかもしれませんが，単に音を出すことを教える教科ではありません。そうではなく，音楽という教科は，「美」を感じ，学ぶ科目だと言えます。

　前節でもふれましたが，音楽が追究するものは，「時間的な芸術」です。音楽の鑑賞では，聴覚を活用することが中心になると思いますが，これは，瞬間的に聴いて聴覚的に捉えられるもの（＝「全体的に聴くこと」）で得ら

れる感動を大切にするということです。表現にあたる演奏や歌唱についても，身体的側面もありますが，時間の経過とともに，音が流れていくという点では鑑賞と同様に，演奏や歌唱によって生まれる聴覚的に捉えられるもので得られる感動を大切にしていると言えます。

　このように視覚的には捉えることが難しく，時間の流れとともに流れていく音や音楽について，子どもにどのような視点をもたせて「鑑賞」や「表現」を行わせるのかを考えることが，音楽科の授業づくりのポイントとなります。そして，これが音楽的な見方・考え方（「②音や音楽を，音楽を形づくっている要素とその働きの視点で捉える」）ということになります。

⑵音楽を形づくっている要素とその働き

　音楽を形づくっている要素とその働きについては，特別支援学校学習指導要領に次のように書かれています（『解説各教科等編』p 180）。

表 5-2-2　音楽を形づくっている要素

㋐音楽を特徴付けている要素	㋑音楽の仕組み
音色，リズム，速度，旋律，強弱，音の重なり，和音の響き，音階，調，拍，フレーズなど	反復，呼びかけとこたえ，変化，音楽の縦と横との関係など

　つまり，子どもが授業で扱う音や音楽をこれらの要素と働き（見方・考え方②）の視点で捉え，自己のイメージや感情（表 5-2-1 の③）や生活や社会，伝統や文化など（表 5-2-1 の④）と関連付けることができるような授業づくりを行う必要があるということです。そして，音楽的な見方・考え方は，こうした学習を積み重ねることによって広がったり深まったりします。その経験が，その後の人生においても生きて働くものとなり，気持ちを安定させることにつながっていきます。

3 音楽科の学習内容と「見方・考え方」

　音楽科は，「A　表現」と「B　鑑賞」の二つの領域及び［共通事項］で構成されていますが，美術（図画工作）科と同様に，音楽科においても「鑑賞」と「表現」は不可分のものです。具体的には，各領域において以下のような内容を取り上げることになっています（表5-2-3）。

　こうした学習内容をみると，音楽科の授業は音を出したり聴いたりする知識や技能を身に付けることが目的ではないということです。そうではなく，音楽的な鑑賞や表現を通して，子どもたちが音楽の楽しさや素晴らしさを体験し，自分の感情を表現し，人とがつながる経験をすることが大切です。

表5-2-3　音楽科の領域と各段階の内容

		小学部		中学部	高等部	
		1 段階	2・3 段階	1・2 段階	1 段階	2 段階
A　表現	ア　音楽遊び		ア　歌唱			
			イ　器楽			
			ウ　音楽づくり		ウ　創作	
			エ　身体表現			
B　鑑賞	ア　音楽遊び		ア　鑑賞			
共通事項	ア　聴き取ったことと感じ取ったこととの関わりについて　イ　記号や用語について				ア　知覚したことと感受したこととの関わりについて　イ　用語や記号について	

（『解説各教科等編（小学部・中学部）』pp149-171／pp372-392，『解説知的障害者教科等編（上）（高等部）』pp218-239を筆者が抜粋してまとめた）

特別支援学校学習指導要領解説では，「表現」と「鑑賞」の活動はそれぞれ個々に行われるだけではなく，相互に関わり合っていると書かれています。つまり，音楽的な見方・考え方の一つである音楽を形づくっている要素という視点で鑑賞する曲や演奏する曲を決めることで，「表現」と「鑑賞」の二つの領域を相互に関わり合わせることができます。また，子どもたちが合奏したものを「鑑賞」の題材とし，音楽を形づくっている要素の視点から演奏の振り返りを行い，再度合奏の練習に取り組むことでも「表現」と「鑑賞」の領域を相互に関わり合わせることができます。

4　音楽科の「見方・考え方」を働かせる教材開発

⑴音楽科の深い学びに関わる活動と内容
　音楽科の深い学びとは，音楽を単に聴いたり演奏したりするだけでなく，音楽の構造や表現を理解し，音楽と自分自身や社会との関係について考えること，そして，音楽を創作し，表現することであると言えます。具体的には，以下のようにまとめられます（表5-2-4）。

表5-2-4　音楽科の深い学びに関わる活動と内容

活動	内容
音楽を形づくっている要素について理解する	●音楽の要素（音色，リズム，速度，旋律，強弱，音の重なり，和音の響き，音階，調，拍，フレーズなど）を理解する ●音楽の仕組み（反復，呼びかけとこたえ，変化，音楽の縦と横との関係など）を理解する
音楽と自分自身や社会との関係について考える	●音楽が自分自身や社会にどのような影響を与えるかを考える ●音楽が自分自身や社会をどのように変えることがで

	きるかを考える
	●音楽が自分自身や社会にどのような役割を果たすかを考える
音楽を創作し，表現する	●自分のオリジナルの曲を作る
	●自分のオリジナルの演奏をする
	●自分のオリジナルの音楽作品を作る

(2)「芸術作品」を子どもたちと創造する

　それでは，音楽科の深い学びについて具体的に，『はらぺこあおむし』（作：エリックカール／訳：もりひさし）の話に音楽を付けていく教材で考えてみたいと思います。

　音楽は絵本やドラマなどのストーリーととても親和性が高いと言えます。絵本やドラマは台本を読み進めて，ページの進行とともに話が展開していくものですが，音楽の楽譜も時間の経過とともに，音が流れていくものであるという点で共通性があります。つまり，『はらぺこあおむし』を用いた音楽づくりでは，書かれている言葉のリズムと音楽のリズムが一体化したときに，「芸術表現」として身体的に実感できる表現活動になるということです。

　そのため，『はらぺこあおむし』の話に沿って演奏する練習では，単に子どもたちが好きな楽器を選び，自由に演奏するだけでは不十分です。演奏する場面がどういう場面なのかという「作品の解釈」を教師や友達との対話の中で考えていくことが大切になってきます。また，練習する際には，「場の雰囲気」も大切になってきます。音楽科の授業だから楽器を鳴らすという受け身的な雰囲気ではなく，授業の最後にコンサートを開催すると，「コンサートに向けて練習するぞ」という主体的な雰囲気がつくられ，楽団が演奏会の練習をしているような授業となるかもしれません。このように，自分たちの「思い」を演奏にのせてコンサートに参加するという雰囲気をクラス全体でつくり上げていくことも大切になります。

こうした理由から，音楽科の授業では，歌唱や合奏の単元の最後に発表会を行うことがあります。もちろん，子どもたちが音楽科の授業で練習してきたことを人前で発表することには意味があると思います。ただし，「発表するから練習をする」とか「発表会では間違えずに演奏することができた」ということでは深い学びにはなりません。いわゆる「本物の舞台のように発表させる」といった授業づくりではなく，「芸術作品を子どもたちと作り上げる」という発想で考えた方が教科の本質，つまり音楽科の深い学びに到達できると考えます。

⑶自己形成と「見方・考え方」

　ここまで，『はらぺこあおむし』を教材にした音楽づくりの授業について考えてきました。その内容をまとめると，授業の最後に行うコンサートは子どもたちにとってただ演奏を披露する場ではないということです。すなわち，音楽科で表現するということは，音楽を通して，社会と自己をつなぐ活動と捉えることが重要だと考えます。

　このように，音楽科の学習活動は認識的・言語的な表現ではなく，自分の「思い」を純粋に表現することができるのに加え，身体的な実感を多く得ることができます。また，その活動に参加し，結果として発表を通して他者や社会から評価を受けるなかで，社会と接続する過程が生まれます。そのため，音楽科の授業は，学習困難が大きい子どもたちが社会との接点をもち，「私」というものを見つけ出していく過程，つまり自己形成に大きく貢献するものであると考えます。

　言い換えると，私たちは，音楽科の授業を通して，音楽的な見方・考え方を働かせながら子どもたちの資質・能力を育成していくことで，自分や社会に関連付け，生活のなかの音や音楽に興味や関心をもって関わっています。こうすることで，音楽科は，社会と接点をもちながら内面や生活を豊かにしていくことができ，「自己形成」へとつながっていくのだと考えます。

3 美術科の見方・考え方

1 美術科の本質と造形的な「見方・考え方」

　私たちの周りは，多くの「美」で溢れています。一歩，外の世界に出て空を見上げれば，透き通るような青い空，その先には立体的な形をした雲が浮かんでいます。周りを見渡せばさまざまな植物があり，そのなかには淡い緑から濃い緑，丸のような形をした葉や楕円形のような形をした葉と，よく見ると全く異なるもので作り上げられた世界が待っています。この日常世界から「美」を感じ取れる視点を身に付けていけるようにするのが美術科の本質です。ここでは，その素敵な世界を感じ取ることができる美術科における造形的な「見方・考え方」について詳しく見ていきましょう。

　特別支援学校学習指導要領において美術科は，「表現及び鑑賞の活動を通して，造形的な見方・考え方を働かせ，生活や社会の中の美術や美術文化と豊かに関わる資質・能力」を育成することが目標になっています。具体的には，以下の3点を目標にして授業を展開していくことが求められます。

---

(1)造形的な視点について理解し，表したいことに合わせて材料や用具を使い，表し方を工夫する技能を身に付けるようにする。

(2)造形的なよさや面白さ，美しさ，表したいことや表し方などについて考え，経験したことや材料などを基に，発想し構想するとともに，造形や作品などを鑑賞し，自分の見方や感じ方を深めることができるようにする。

(3)創造活動の喜びを味わい，美術を愛好する心情を育み，感性を豊かにし，心豊かな生活を営む態度を養い，豊かな情操を培う。

(『解説各教科等編』pp407-408)

美術科では，上記の目標を通して，「人間形成の一層の進化を図ること」がねらいとされています。具体的に「美術」とは，空間並びに視覚の美を表現する造形芸術のことで，絵画・彫塑・建築，工芸美術などです（広辞苑より抜粋）。このように，美術科はさまざまな分野から成り立っており，それらを通して造形的な見方・考え方を身に付けていきます。

　このように，美術科において「見方・考え方」を働かせるとは，「造形的な見方・考え方」で世界を捉えることです。すなわち，美術科の特質に応じた物事を捉えて，表現及び鑑賞の活動を行い，よさや美しさなどの価値や心情などを感じ取り，自分としての意味や価値をつくりだすことです。これは，造形を豊かに捉える多様な視点であり，形や色彩，材料や光などの造形の要素に着目してそれらの特徴を捉えるということです（『解説各教科等編』p408）。簡潔にまとめると，私たちの生活のなかで溢れている色や形をみたときに，そこに面白さや美しさなどの「美」を感じ取ることができる視点であり，その視点を教育することが大切だと考えられます。

2 「見方・考え方」を働かせる授業づくりのポイント

　ここまでみてきたように，美術科は鑑賞と表現を「美と創造」という観点から追及していく学習であり，それらを実感していく喜びは，充実感や成就感を伴うものとして特に大切にする必要があります。そして，そのためには，「よさを感じる」「楽しい」「美しいものにあこがれる」「夢中になって取り組む」「よりよいものを目指す」などの感情や主体的な態度を養うことが大切だと考えられています。この心情は，美術を好み，楽しむことをはじめ，生活における心の潤いと生活を美しく改善していく心や豊かな人間性と精神の涵養に寄与するものであるとされています（『解説各教科等編』pp412-413）。

　このように，表現と鑑賞を相互に行うことにより，造形的な見方・考え方は相乗的に高まると考えます。例えば，紙粘土を使用して四季をテーマとした和菓子作りの授業を取り上げてみたいと思います。このときに，単に和菓

子の模倣を作るのではなく，自分の想像力を働かせながら，「このような色や形にしたら面白いかな」「この粘土の感触からは，いつも描いている平面的な絵を立体的に作ることができるかもしれない」というような造形的な視点を働かせながら制作活動に取り組むことが大切です。

3 美術科の授業の指導のポイント

　美術科の授業では，教師が美術科の「見方・考え方」を明確にしていない限り，その授業は「ある作品を真似して制作する」クラフト（工芸）教育になります。そうなると，見本と同じように作るための授業が展開され，教師からの支援もそれに沿ったものが多くなり，各生徒がもっている感性を生かした作品になることが少なくなります。そのため，教師が「見方・考え方」の視点をもちながら，生徒とどのように関わり，授業を実践していくかがポイントとなります。

　具体的には，鑑賞の授業を行ううえでも，生徒が他の人が作った作品をただみるようにするのではなく，そこに驚きが生まれたり，同じようなものを作ってみたいという気持ちが芽生えたりするような空間づくりをすることが教師の役割です。例えば，鑑賞の授業のなかで，いつも落ち着いて活動することができない生徒が，なぜかその鑑賞の部屋の空間に入ると静かになり，夢中で作品をみていたことがありました。空

写真5-3-1 「四季」をテーマにした作品

間づくりにおいても，生徒の話を聞きながら，一緒に作り上げていき，その思いが実現するような空間としました。そのことにより，より一層生徒は空間への愛着が沸き，「他の学部の生徒にもみてほしい」という声が挙がりました。このように，美術科の授業では，生徒がその空間に来ると安心する鑑賞の時間をつくることがポイントです。

4 美術科の学習内容と「見方・考え方」

　美術科の学習内容は，「A　表現」「B　鑑賞」から構成されていますが，具体的には各領域において以下のような内容を取り上げ，そこに「造形的な見方・考え方」ができる授業を展開していくことが求められます。

表 5 - 3 - 1　美術科の分野と各段階の内容

分野	中学部 1 段階	中学部 2 段階
A 表現	〈絵や版画の題材〉 静物や風景の観察や描写，学校行事や社会行事などの印象，想像画 〈版画の方法〉 木版，ゴム版，スチレンボード版 〈デザインの題材〉 ポスター，案内表示・標識，表紙装丁デザイン，カット，模様・装飾 〈つくることに関する指導〉 彫刻などの立体に表すこと，生活に役立つ器物をつくること 〈彫刻や立体の題材〉	※1 段階の学習を発展させて，「思考力，判断力，表現力等」と「技能」の育成をねらう。 〈描く活動〉 絵，版画，平面のデザイン 〈つくる活動〉 粘土，紙，石，布，木，金属，プラスティック，スチレンボード，ニス，水性・油性塗料，建築・土木工業用の資材 〈主な用具〉 水彩絵の具，塗装用具，接着剤，彫刻刀，簡易な木材・金属加工用

		具，電動の糸のこぎりや研磨機などの電動工具
	人，動物，乗り物，建物 〈工芸品の題材〉 箱，筆立て，ペン皿，焼き物の器物	
B 鑑賞	自分たちの作品や造形品を鑑賞する。 表現の活動の際に生徒が身近な材料を手にとって眺める，制作途中の作品を見る。	※１段階の学習を発展させて，美術作品なども対象とする。校外学習などと関連させて美術館の見学に行く，校内の作品展などを開催する。

（『解説各教科等編』pp417-429を筆者が抜粋してまとめた）

　さらに，中学部２段階では，１段階の題材を活用しながら，２段階の視点をもって授業を展開することが求められます。２段階で求められている「思考力，判断力，表現力等」については，自然や日常生活の中にある身近な対象や経験，想像したことなどを基に表したいことや表し方を考えて発想や構想する力とされています。また，「技能」に関しては，表したいことに合わせて，材料や用具の特徴を生かしたり，それらを組み合わせたりして計画的に表す力とされています（『解説各教科等編』pp424-425）。

5　美術科の「見方・考え方」を働かせる教材開発

　最後に，美術科の教材開発について考えてみましょう。ある特別支援学校で１年間を通して，美術科の授業で壮大な空間づくりをする大単元を設定しました。集会室という全学年で使う大きな教室に「森」を作るというテーマを設け，絵画により木や葉を作り，版画の技法を使って生き物を表現し，粘土を使って色とりどりの花を立体的に制作していきました。そして，この空間の「美」にいつも触れられるように，常時作品を展示しておき，生徒がみたいときにみたり，保護者や教育実習生などにみせたいときにみせたりでき

るようにしました。

　このとき，全学年が同じ場所で授業をすることで，生徒たちはお互いの作品や制作の過程をみることができるようにしました。そうすることで，生徒たちはいつでもお互いの作品や制作過程を鑑賞し合い，感性を刺激され続けながら制作活動を進めていきました。そして，そこで刺激を受け，今まで自分の中にあった感性との違和感をもって制作物と向き合いながら調和させていき，作品を変化させていきました（下の写真参照）。それにより美術の制作活動を通して，自分の中の「美」を完成させることができました。このような学びの展開が美術科の深い学びの一つだと考えます。

　また，美術の世界には，アールブリュット（Art Brut）という言葉があります。アールブリュットとは，日本語では「生の芸術」とも呼ばれ，生の加工されていない芸術全般を指します（アウトサイダーアート，ボーダーレスアートとも呼ばれています；有路，2013）。これは人が本来もっている感性を大切にしながら，それを引き出すことができる芸術を目指していきます。

　筆者は，この考え方に美術科の深い学びと教材開発のヒントが隠されていると考えています。すなわち，生徒が本来もっている感性と，教師の美術的な視点が重なることで，「美」を生み出すことができると思います。このように，生徒の本来もっている力を信じながら，一緒に「美」の世界を探求し，美術科の世界を味わうことで，生徒の「美」が育つと考えます。

写真５-３-２　「自分だけの木」をテーマにした作品

【文献】有路憲一（2013）『脳と藝術―「理性」と「感情」の対話，アールブリュットの視座―』信州大学人文社会科学研究Ⅶ，189-204より抜粋.

第 **6** 章

職業・家庭科・
保健体育科・外国語科の
「見方・考え方」を働かせる
授業づくり

1 職業・家庭科の見方・考え方

1 ワークキャリアとライフキャリアに関連する教科の「見方・考え方」

　職業・家庭科は，中学部以上の知的障害児に対して実施する教科です。特別支援学校学習指導要領では，職業・家庭科を通して，「家庭生活や職業生活の中の課題を見いだし，解決する力を育むことを示しており，一連の学習の過程において，習得した知識や技能を活用し，思考力，判断力，表現力等の基礎を養い，課題を解決する力を育む」ことが目標となっています（『解説各教科等編』p470）。

　これは，キャリアに関する力を身に付けることを目指すものですが，家庭生活に関する課題をライフキャリア，職業生活に関する課題をワークキャリアとして整理するとわかりやすいかもしれません。これらの教科に関する「見方・考え方」という視点からみると，「自分の生活の営みや消費行動，生産・生育活動等が地域社会に影響を与えること」に気付くことが求められています（『解説各教科等編』p470）。

職業・家庭科は，「生活の営みに係る見方・考え方や職業の見方・考え方を働かせ，生活や職業に関する実践的・体験的な学習活動を通して，よりよい生活の実現に向けて工夫する資質・能力を育成する」ことです。
（『解説各教科等編』p469；一部抜粋）

2　家庭分野の内容と「見方・考え方」

　職業・家庭科は，一つの教科ではありますが，職業分野と家庭分野の二つで構成されていて，それぞれ「見方・考え方」が異なっています。ここでは，まず，家庭分野に関する内容からみていきたいと思います。

　家庭分野は，以下の表のように，「A　家族・家庭生活」「B　衣食住の生活」「C　消費生活・環境」の三つの領域で構成されています。この分野では，「生活の営みに係る見方・考え方」を働かせて考え，「よりよい生活の実現に向けて工夫する資質・能力」を育成することが目標となっています（『解説各教科等編』pp473-474）。

表6-1-1　中学部1段階と2段階で取り上げる家庭分野の内容

		中学部1段階	中学部2段階
A	家族・家庭生活	ア　自分の成長と家族 イ　家庭生活と役割 ウ　家庭生活における余暇 エ　幼児の生活と家族	ア　自分の成長と家族 イ　家庭生活と役割 ウ　家庭生活における余暇 エ　家族や地域の人々との関わり
B	衣食住の生活	ア　食事の役割 イ　調理の基礎 ウ　衣服の着用と手入れ エ　快適な住まい方	ア　食事の役割 イ　栄養を考えた食事 ウ　調理の基礎 エ　衣服の着用と手入れ オ　快適で安全な住まい方
C	消費生活・環境	ア　身近な消費生活 イ　環境に配慮した生活	ア　身近な消費生活 イ　環境に配慮した生活

（『解説各教科等編』pp480-482及び pp492-494；一部抜粋）

たとえば，多くの子どもが学校で経験する調理実習などは，この分野に含まれています。『解説各教科等編』では，「イ　調理の基礎」のなかに，「簡単な調理」という枠が設けられていて，そこで，「短時間で比較的単純な工程でできる調理を取り扱う」ことになっています。具体的には，「電子レンジやホットプレートのように電気で加熱できるものなど，一般の家庭で身近に使用できる加熱用調理器具などを使えるようにすること」が例示されています（『解説各教科等編』p484）。

　ただし，家庭分野の学習を通して育てたいことは，「調理ができるようになる」ということにとどまりません。それだけではなく，「衣食住の生活」に関する内容においては，主に「健康・快適・安全」や「生活文化の継承・創造」へとつながるように学習を展開していくことが求められています（『解説各教科等編』p474）。

　たとえば，「短時間で比較的単純な工程でできる調理」といっても，インスタント食品ばかり食べていたのでは「健康」にとってよくないこともあるという視点から調理を見つめ，考えることなどです。また，中学部2段階の指導では，「1日の生活の中で3食を規則正しくとり，栄養や食品をバランスよくとることの重要性を理解したり，自己の食事の改善点や解決方法を考えたりできるようにすること」なども取り上げることになっています（『解説各教科等編』p495）。

　加えて，「加熱用調理器具などを使えるようにする」ことをねらった調理実習では，器具の操作方法を学ぶだけではなく，食中毒を防止するために食材を正しい方法で調理できるようになることも家庭分野のねらいのなかに含まれています。この点についても，中学部2段階では，「魚や肉などの生

の食品の扱いについては，食中毒の予防のために，安全で衛生的な扱い方を徹底する。食品の保存方法と保存期間の関係については，食品の腐敗や食中毒の原因と関連付けて理解できるようにする」ことが特別支援学校学習指導要領解説に記載されています（『解説各教科等編』p496）。

　このように，「調理実習」を行ったとしても，調理ができるようになることを超えて，調理に関係する「健康」や「安全」という視点をもつこと（見方・考え方を働かせること）が家庭分野で求められています。

　同様に，「家族・家庭生活」に関する内容では「協力・協働」，「消費生活・環境」に関する内容では「持続可能な社会の構築」といった視点から物事を考察することが求められています（『解説各教科等編』p474）。これは，家庭分野における学びが単に体験的・実際的に「調理や掃除などができるようになる」ことだけでなく，その先にある「健全で豊かな家庭生活を営む視点」（協力・協働／健康・快適・安全／生活文化の継承・創造／持続可能な社会の構築）をもって生活できるようになることを目標にしているからです。

3　職業分野の内容と「見方・考え方」

⑴職業分野の「見方・考え方」とは？

　職業分野の「見方・考え方」についても，家庭分野と同様に考えることができます。すなわち，「職業」に関することを学ぶなかで，体験的・実際的に仕事をやってみるということは，この分野の学習をするうえで重要なことです。しかし，「その仕事ができるようになったかどうか」が大切なのではなく，その学習を通して「働くことの意義」や「進路に関する関心を高め，自分に合った仕事を見つけること」へとつながる学びであったかどうかのほうが職業・家庭科では重要です。こうした「働くことの意義」や「進路に関する関心」をもつことは，職業に係る「見方・考え方」を働かせることにつながります。

表6-1-2　中学部1段階と2段階で取り上げる職業分野の内容

		中学部1段階	中学部2段階
A	職業生活	ア　働くことの意義 イ　職業	ア　働くことの意義 イ　職業
B	情報機器の活用	ア　コンピュータ等の情報機器の初歩的な操作の仕方を知ること イ　コンピュータ等の情報機器に触れ，体験したことなどを他者に伝えること	ア　コンピュータ等の情報機器の基礎的な操作の仕方を知り，扱いに慣れること イ　コンピュータ等の情報機器を扱い，体験したことや自分の考えを表現すること
C	産業現場等における実習	ア　職業や進路に関わることについて関心をもったり，調べたりすること イ　職業や職業生活，進路に関わることについて，気付き，他者に伝えること	ア　職業や進路に関わることについて調べて，理解すること イ　職業や職業生活，進路に関わることと自己の成長などについて考えて，発表すること

（『解説各教科等編』pp475-476及び pp488-489；一部抜粋）

　職業分野において取り上げる具体的な内容は上記の表の通りです。たとえば，中学部1段階では，「職業生活に関すること」のなかで，「職場見学，就業体験等を通して，働いて物を作ったり，育てたりすること」が学習活動として想定されています（『解説各教科等編』p476）。そこでは，「作業を成し遂げることを通して，自分の役割を果たす達成感を基盤とし，作業を通して他者の役に立とうとする気持ち」を育成することが期待されています（『解説

各教科等編』p471）。

　しかし，職業分野の学習では，従来から「作業学習」のなかで育ててきた力だけでなく，「職業に係る事象を，将来の生き方等の視点で捉え，よりよい職業生活や社会生活を営むための工夫を行うこと」へと結び付けていくことが期待されています（『解説各教科等編』p472）。もちろん，こうした視点をもって「作業学習」を実践してきた学校もあるかもしれません。これは，作業学習は「教科等を合わせた指導」ですので，職業・家庭科の視点を含めて実践することはあり得ることだからです。

　ただし，教科として職業分野を学習する場合には，「将来的に，社会人や職業人として自立できるようにしていくこと」や「職業生活を健やかに維持できるようになること」という視点から働くことを見つめ，考えることに重点をおいて指導することが必要です（『解説各教科等編』p472）。そのため，キャリアの視点をもって「職業」について考えることが職業分野の内容であり，授業づくりのポイントであると考えます。

⑵情報機器の活用や情報モラルに関する教育

　最後に，職業分野の学習のなかに，「情報」に関することが含まれている点に注意を向ける必要があります。具体的には，中学部Ⅰ段階の指導内容のなかに「コンピュータ等の情報機器の初歩的な操作の仕方を知ること」が含まれています。そこでは，単に情報機器の使用方法を学ぶだけでなく，「情報機器を使用する際のルールやマナー，インターネット利用上のトラブルなどの危険性を回避する具体的な方法について理解を図るようにすること」が求められています（『解説各教科等編』p476及び p479）。

　これは，特別支援学校の中学部・高等部の生徒に対しても，情報機器は便利なものであるという体験をさせるとともに，情報機器については「活用の仕方によっては危険がある」という「見方・考え方」ができるようになることが求められているということです。こうした「情報モラル」に関係する指導も職業分野のなかに含まれています。

2 保健体育科の見方・考え方

1 身体の健康につながる「見方・考え方」を働かせる

　保健体育科は，多くの人がイメージしている通り，身体の健康を保ち，身体を成長させることを目標にする教科です。教科の大枠としては，「体育」と「保健」の二つの分野があり，それぞれ以下のような「見方・考え方」を働かせることが期待されています。

　ただし，「健康に留意しながら身体を成長させる」ことや，「安全に留意しながら体を動かす」など，「体育」と「保健」は分けられないことも多いので，両者は統一的に指導していくことが重要な教科であると考えます。

表6-2-1　体育と保健の「見方・考え方」

体育の見方・考え方	生涯にわたる豊かなスポーツライフを実現する観点を踏まえ，「運動やスポーツを，その価値や特性に着目して，楽しさや喜びとともに体力の向上に果たす役割の視点から捉え，自己の適性等に応じた『する・みる・支える・知る』の多様な関わり方と関連付けること」。
保健の見方・考え方	疾病や傷害を防止するとともに，生活の質や生きがいを重視した健康に関する観点を踏まえ，「個人及び社会生活における課題や情報を，健康や安全に関する原則や概念に着目して捉え，疾病等のリスクの軽減や生活の質の向上，健康を支える環境づくりと関連付けること」。

（『解説各教科等編』p438）

保健体育科における「見方・考え方」という点から授業づくりを見つめると，たとえば，「跳び箱を〇段，飛べるようになった」などの学習成果を上げていくことが重要である一方で，その先にある「生涯にわたって豊かなスポーツライフを実現する」ことへとつながる学びになるように授業を展開していくことが求められます。

　たとえば，先に例に挙げた「跳び箱」について言えば，「私も〜さんのように〇段，飛んでみたい」という憧れをもって，身体を動かそうとすることはあるでしょう。こうした「心と体を一体として捉え」ることで，今までよりも身体を上手く動かせるようになることが期待できます。

　そして，こうしたモチベーションを維持しながらも，「何度やっても上手く飛べない」ときに，自分の身体の動かし方を見つめ，試行錯誤するような学習場面をつくることができたら，それが保健体育科における「課題を見付け，その解決に向けた学習過程」であると考えます。

　最終的には，楽しく身体を動かしているうちに，「できるようになる」ことが増えてくれば，運動の楽しみを実感することへとつながります。これが「心身の健康を保持増進」することであり，「豊かなスポーツライフを実現する」ための基盤となると考えられます。

　もちろん，このときに何をしたら危険なのかといった学習も同時に取り扱うこともできます。保健体育科の学習では，こうした一連の学習過程のなかで，自分の身体について見つめたり，どのように身体を動かせばよいかを学びます。

> 保健体育科の目標は，「課題を見付け，その解決に向けた学習過程を通して，心と体を一体として捉え，生涯にわたって心身の健康を保持増進し，豊かなスポーツライフを実現するための資質・能力を育成すること」です。
> 　　　　　　　　　　　　（『解説各教科等編』p437；一部抜粋）

2 保健体育科の領域と教材の開発

　保健体育科は，他の教科に比べると取り扱う領域が多い教科です（小学部の体育科で設定されている領域については以下の通り）。ここからわかることは，発達初期のころは，体の動かし方そのものを見つめさせたり，考えさせたりするのではなく，「遊び＝楽しく身体を動かすこと」を味わえるようにすることが重要であるということです。

　たとえば，小学部Ⅰ段階の「表現遊び」では，「音楽の流れている場所で体を動かすことの楽しさや心地よさを表現すること」に加え，「楽しく体を動かすこと」を味わうことが重要となります（『解説各教科等編』p228）。つまり，小学部の体育科においては，体を上手く動かせるようになることが重要なのではなく，「体を動かすことが楽しい」と感じ，「また次も体を動かしてみたい」と思うように，授業を展開できたかどうかがポイントとなります。

表6-2-2　小学部Ⅰ段階と２段階以上で取り上げる保健体育科の領域

小学部１段階	小学部２・３段階
A　体つくり運動遊び	A　体つくり運動
B　器械・器具を使っての遊び	B　器械・器具を使っての運動
C　走・跳の運動遊び	C　走・跳の運動
D　水遊び	D　水の中での運動
E　ボール遊び	E　ボールを使った運動やゲーム
F　表現遊び	F　表現運動
G　保健	G　保健

（『解説各教科等編』p217）

　もちろん，子ども自身が自分の身体を見つめ，どのように動かしたら上手くなるかといった「見方・考え方」を働かせる授業も必要です。しかし，そ

うした指導は小学部Ⅰ段階の子どもにはまだ早いということになります。むしろ，小学部Ⅰ段階の子どもには，遊びの感覚で多様な身体の動かし方を経験できるように授業を進めていくことが重要となります。

　たとえば，小学部Ⅰ段階の「体つくり運動遊び」では，「バランスを取る，座る，しゃがむ，階段の上り下りなどの日常生活の基本的な身体活動を繰り返し，十分に体験することが大切である」と指摘されています。こうした基本運動を経験させるために，授業では，「手足を十分に伸ばしたり曲げたり，脚を前後左右に開いたり，腕を振ったり回したりするなど，簡単な手や脚の運動を取り入れること」が挙げられています（『解説各教科等編』p225）。

　しかし，小学部Ⅰ段階の子どもの体育科では，「脚を前後にもっと大きく開いて」と言葉で伝えても，どこをどのように動かしたらよいかわからないことが多いでしょう。そのため，特別支援学校学習指導要領解説では，この項目の指導例として，「なわやテープの上を歩いたり，踏まないようにまたいで歩いたりするなどの運動遊びをする」ことが例示されています。体育科の授業ではこうした運動を楽しく行えるような教材を考えることが重要です。

　たとえば，教室に子どもがやっとまたぐことができるちょうどよい幅の「川」を作ったとします。教師は遊びのなかで，「この川をまたいで向こう側にいる動物に餌をあげよう！」と子どもに投げかけ，運動遊びをスタートさせるなど，教材や授業展開を工夫することが大切です。

> この川をまたいで向こうにいる動物に餌をあげよう！

> わかったやってみる

　このように，保健体育科の授業では，子どもに身体をどのように動かしてほしいのかを明確にしながらも，楽しく活動できる教材を考えていくことが重要です。これは，「体つくり運動遊び」に限らず，「陸上」や「球技」など，あらゆる領域においても同じです。

3 「見方・考え方」を働かせる授業づくりのポイント

一方で，保健体育科の授業では，楽しく身体を動かしているだけでよいというわけではありません。特に，小学部2段階以上の子どもに対しては，「友達と仲よく楽しく運動をする」とか，「自分から健康に必要な事柄をしようとする」という点も指導事項のなかに含まれていることに留意する必要があります（『解説各教科等編』p236）。

たとえば，小学部3段階の子どもであれば，「走る，跳ぶなど様々な運動の基本的な動きを，場面や状況に合わせてできる」というだけでなく，「工夫したり，きまりを守ったり，安全や健康に留意する」ことなど，体育科に関連する総合力を育成することが求められています。

表6-2-3 小学部3段階の保健体育科の指導内容

工夫する	動き方や運動する場所，練習の仕方などを工夫するなど
きまり	事故を防ぐための約束のほか，簡単なゲームのルールや用具等の準備，片付けにかかわるきまりなど
場や用具の安全	運動する場所の危険箇所を確認したり，用具等の使い方を知ったりすることで，けがなどの危険を未然に防ぐなど
健康に必要な事柄	体調が悪いときに休養したいことを教師に伝えたり，むし歯の予防のために歯磨きをするなど

（『解説各教科等編』p237）

加えて，保健分野においても「見方・考え方」を働かせることができるように，意図的・計画的に学習指導の計画を立てていくことが重要です。

具体的には，小学部3段階の指導では，次ページのように，「健康や身体の変化」について理解したり，「健康な生活ができる」ことについて指導することになっています。次の表に記載されていることは，小学部3段階の子

どもに対して必要な保健分野に関する指導事項ですが，これは，自分の身体や健康に関して，こうした「見方・考え方」を働かせることが目標であると読み替えることもできます。

　たとえば，自分の身体の変化を「身体測定」から理解することができれば，成長を実感できるようになります。このとき，「今の自分の身長は〇cm」ということが理解ができる子どもは，「自分は成長している」という「見方・考え方」ができるかもしれません。また，けがをしたときなども，「簡単な手当を受けることで，けがはすぐに治る」という「見方・考え方」ができれば，安心してその後の学習活動に参加することができます。

　このように，身体測定や手当を取り上げるときにも，その先の自分の身体や健康の変化を想像できるように指導することが重要です。

表6-2-4　小学部3段階の「保健分野」の指導内容

健康や身体の変化の理解	○身体測定の結果や年齢に伴う身体の変化 ○思春期における身体の変化 ○日常生活において，身体を清潔に保つこと ○生活環境を健康的に整えること
健康な生活ができること	○自分の身体を洗うことなどの衛生面 ○食欲の変化等の体調の管理ができる ○治療や休養が必要なときに，保健室を利用すること ○病気やけがをしたときに簡単な手当を受けること

（『解説各教科等編』p237）

3 外国語科の見方・考え方

1 外国語科の「見方・考え方」を働かせるとは？

⑴外国語で言語コミュニケーションを楽しむ教科

　日本における外国語科の学習は英語を取り上げることが多く，知的障害児に対する授業づくりにおいても英語でコミュニケーションをとる活動が用意されることが多いのが現状です。外国語科の目標をみても，「外国の言葉に興味を持ち，音声や基本的な表現に慣れ親しむ」こととともに，「身近な事柄について，伝え合う力の素地を養う」ことを目指して取り組むものであるとされています。

　なお，知的障害児に対する外国語科の学習に関しては，中学部以上の子ど

> 外国語科の目標は，
> 「⑴外国語を用いた体験的な活動を通して，身近な生活で見聞きする外国語に興味や関心をもち，外国語の音声や基本的な表現に慣れ親しむようにする
> ⑵身近で簡単な事柄について，外国語で聞いたり話したりして自分の考えや気持ちなどを伝え合う力の素地を養う
> ⑶外国語を通して，外国語やその背景にある文化の多様性を知り，相手に配慮しながらコミュニケーションを図ろうとする態度を養う」ことです。
>
> 　　　　　　　　　　　　　　　　（『解説各教科等編』p503）

もが対象で，段階は設けないということが原則ですが，必要に応じて「小学部の教育課程に外国語活動を位置付け，児童の実態により設けることができる」となっています（『解説各教科等編』p502）。

　この目標をふまえると，外国語科では「正しく発音しているか」とか，「英語の文法通りに話しているか」といった点はあまり重視することではないことがわかります。そうではなく，「例えば，ネイティブ・スピーカーとの触れ合い，外国語の文字で書かれたものや外国語の単語が添えられたものの写真やイラスト，実物などを見ること，外国語の歌を歌ったり，身近な語や語句を聞いたり真似たりすること」など，外国語に親しむことが学習指導の中心となります（『解説各教科等編』p504）。

　そして，そうした活動を通して，他者の言いたいことは何かを考えることが外国語科では求められます。この点について，学習指導要領では，「目的や場面，状況等に応じて，情報を整理しながら考えなどを形成し，再構築すること」へと結び付くことが外国語科の「見方・考え方」です（『解説各教科等編』p504）。

⑵外国文化にふれる学習としての外国語科

　一方で，外国語科は，語学という側面だけでなく，「外国の文化に触れること」も重要です。

　具体的には，「外国語で表現し伝え合うため，外国語やその背景にある文化を，社会や世界，他者との関わりに着目して捉え，コミュニケーションを行う目的や場面，状況等に応じて，情報を整理しながら考えなどを形成し，再構築すること」が外国語科の課題の一つとなっています。そして，この課題を解決するために，「外国語で他者とコミュニケーションを行う場合，単に語などに関する知識及び技能を扱うのではなく，実際に起こっている身近な出来事や人との関わりの中で事象を捉えたり，外国語やその背景にある文化について体験的に理解したりしていくようにすることが重要である」と指摘されています（『解説各教科等編』p504）。

　外国語科の内容と「見方・考え方」

⑴言語活動に関する事項

　それでは，知的障害児に対する外国語科はどのような学習内容を用意したらよいでしょうか。特別支援学校学習指導要領では，以下の五つの側面から学習内容を考えていくことが示されています。

表6-3-I　知的障害児に対する外国語科の内容

ア　聞くこと	㈎文字の発音を聞いて文字と結び付ける活動 ㈏身近で具体的な事物に関する簡単な英語を聞き，それが表す内容をイラストや写真と結び付ける活動 ㈐挨拶や簡単な指示に応じる活動
イ　話すこと ［発表］	㈎自分の名前，年齢，好みなどを簡単な語などや基本的な表現を用いて表現する活動 ㈏身近で具体的な事物の様子や状態を簡単な語などや基本的な表現，ジェスチャーを用いて表現する活動
ウ　話すこと ［やり取り］	㈎簡単な挨拶をし合う活動 ㈏自分のことについて，具体物などを相手に見せながら，好みや要求などの自分の考えや気持ちを伝え合う活動 ㈐ゆっくり話される簡単な質問に，英語の語など又は身振りや動作などで応じる活動
エ　書くこと	㈎身近な事物を表す文字を書く活動 ㈏例示を見ながら自分の名前を書き写す活動
オ　読むこと	㈎身の回りで使われている文字や単語を見付ける活動 ㈏日本の人の名前や地名の英語表記に使われている文字を読む活動

（『解説各教科等編』pp509-513を筆者が抜粋してまとめた）

以上のように，知的障害児が外国語科を学習する場合には，言語の側面だけでなく，楽しい言語活動を通して外国の文化にふれるという側面も重要となります。そのため，外国語科の活動では，以下のような英語を使ったゲームなどを通して学ぶことが多くなると考えられます（これは知的障害児教育に限りません）。

表6-3-2　外国語科における学習活動の例

外国語を用いた体験的な活動	外国語を用いた歌，ゲーム，クイズ，ネイティブ・スピーカーなどとの関わりなど
身近な生活で見聞きする外国語	挨拶に関する表現，文字，数字，食べ物やスポーツ，生活用品などの名称を外国語で表すなど

（『解説各教科等編』p505）

　ただし，他の教科と同様に，外国語科においても，外国語で歌えば「見方・考え方」が勝手に身に付いていくわけではありません。もちろん，「How are you?」「I'm fine.」などの挨拶文を覚えることがねらいでもありません。あくまでも，こうした外国語活動のなかで，外国の文化は日本と違うという視点（見方・考え方）へと発展させていくことが重要となります。

⑵言語の働きに関する事項

　外国語科では，楽しい言語活動をして終了とならないように，「言語の働き」に関することも指導内容に含めています。この点について，『特別支援学校学習指導要領解説』では，「授業において，言語の使用場面の設定や，言語の働きを意識した指導を行う」ことが必要であると示されています。具体的には，「コミュニケーションを円滑にする」「気持ちを伝える」「相手の行動を促す」という指導を軸にして，次ページの表のような学習を展開することが求められています（『解説各教科等編』p515）。

表6-3-3　外国語科における「言語の働き」の例

⑦コミュニケーションを円滑にする	⑦挨拶をする ⑦相づちを打つ
㋑気持ちを伝える	⑦礼を言う ⑦褒める
㋒相手の行動を促す	⑦質問する

（『解説各教科等編』pp516-517）

　以上のように外国語科の授業では，「発音を習う」とか「文法を勉強する」という学習を中心にするのではなく，実践的にコミュニケーションをしながら学ぶことになっています。

　そして，こうした学習活動を通して，言葉には「相手との関係を築きながらコミュニケーションを開始したり維持したりする」働きがあるという視点（見方・考え方）をもつことができるようになることが外国語科の学習です。こうした外国語科の学びを通して，「相手に配慮しながらコミュニケーションを円滑に行う」ことができるようになればよいと考えられています（『解説各教科等編』p517）。

3　外国語科の「見方・考え方」を働かせる教材開発

　以上の点をふまえると，外国語科の教材開発の視点としては，(1)楽しく外国語に親しみながら，(2)外国語の特徴を理解したうえで，(3)外国語でコミュニケーションをとることができるようになるように展開していくといった3点を軸にして計画することが大切であると考えます（具体的な授業づくりのポイントは次ページ図参照）。

外国語に親しむ	生活経験が少ないため情報機器等を有効に活用することで，実際にみたり体験したりすることができない内容にもふれることができるようにする。
外国語の特徴を理解する	ネイティブ・スピーカーや英語が堪能な地域人材の協力を得て，音声や言語の働きに関することや文化や習慣の違いなどについての知識や技能を得られるように授業を計画する。
外国語でコミュニケーションをとる	生徒が伝えられる手段を十分に活用しながら，必要に応じてカードや具体物，タブレット端末などを活用し，コミュニケーションを図ることの楽しさを味わうことができるように工夫する。

　このように，外国語科は，「言語」そのものを学ぶのではなく，外国の様子を映像でみたり，ネイティブ・スピーカーの言葉を聞いて「言語感覚」を養ったりすることも重要な学習になります。また，知的障害児の特性をふまえて，タブレットやカードなどを用いてもよいので，外国語を話す相手に何とか自分の思いを伝えてコミュニケーションしようとすることも大切です。

　なお，実際に多くの知的障害特別支援学校では，外国語科の学習にそれほど多くの時間を確保することは難しい可能性があります。そのため，国語科（言葉を用いてコミュニケーションする）や音楽科（英語の歌を聞く），社会科（外国の様子を知る）などと連携して，教科横断的な視点をもちながら，指導計画を立てていくことが必要であると考えます。

第 **7** 章

各教科の学習困難を引き起こす
障害特性と支援方法

1 知的障害以外の障害のある子の見方・考え方の特徴

1 「見方・考え方」を働かせることを困難にする「障害」

　前章まで，知的障害児の「見方・考え方」を働かせるために，どのような学習課題を用意し，どのような授業を展開していく必要があるかという点を中心に述べてきました。このなかには，知的障害児の特性をふまえ，抽象化して物事をみたり，考えたりすることが苦手な側面をどのように配慮し，どのような指導の工夫があるのかについて多く述べてきました。

　しかし，「見方・考え方」を働かせることを困難にする障害特性は知的障害（抽象化能力の困難）だけではありません。たとえば，目が見えないことにより，イメージすることが難しかったり，耳が聞こえないことにより，他者との対話が困難になるなど，障害が異なれば，学習困難も異なります。そのため，「障害」による困難をさまざまな視点から捉え，教科学習における「見方・考え方」を働かせることができるように指導していくことが必要となります。

2 障害特性の理解と授業づくりへの接続

　具体的には，①障害特性の理解と，②その理解のうえに立った授業づくりへ結び付けていくことが必要です。たとえば，重度の肢体不自由児の場合，「身体が動かないこと」に対する配慮は常に必要です。ペンが持てなかったり，体を起こしていられなかったりするときには，筆記や姿勢保持のための支援機器を導入するなど，障害に対する配慮や支援は欠かせません（「自立

活動・身体の動き」に関すること）。

　しかし，その一方で，ペンが持てないということは，教科学習において「見方・考え方」を働かせるという点でどのような困難と結び付くのかという視点から，さらに深く検討する必要があります。すなわち，「ペンが持てない」ということは，「書きながら考える」ということが苦手になるので，たとえ一般の小・中学校で用いている教科書の内容がわかる程度の知的能力をもっていたとしても，「思考を深める」学習活動においては，どうしても不利な状況が生じます。

　これは，身体的に十分な支援を受けられていたとしても，国語科の読解力や文章表現力において，重度の肢体不自由児は他の子どもと同じようにいかない点が出てくることもあるということです。国語科の授業においては，こうした点をふまえて，どのような授業を展開するかについて考えなければなりません。

3　さまざまな障害種別の学習指導の工夫から学ぶ

　このため，知的障害の特性をふまえるだけでは，学習困難のある子どもが教科学習において「見方・考え方」を十分に働かせることができないことも考えられます。むしろ，知的障害があるから学習に困難があると思われていたものが，別の視点から検討してみると，実は見え方に困難があったり，病気がちであったことから生じている困難であったということも考えられます。

　そこで，本章では，知的障害以外の障害（視覚障害・聴覚障害・肢体不自由・病弱）の特性をふまえ，こうした子どもたちがなぜ「見方・考え方」を働かせることが難しくなるのかという点を解説したうえで，教科学習における教材開発と授業づくりの工夫を紹介していきたいと考えます。

2 視覚障害による学習困難と見方・考え方

1 視覚障害の特性と教科学習における困難

　視覚障害とは，視力や視野などの視機能が十分でないため，まったく見えなかったり，見えにくかったりすることで，生活や学習に制限を受ける状態を言います。特別支援学校の対象となる視覚障害の程度としては，「両眼の視力がおおむね0.3未満のもの又は視力以外の視機能障害が高度のもののうち，拡大鏡などの使用によっても通常の文字，図形などの視覚による認識が不可能または著しく困難な程度のもの」（学校教育法施行令第22条3）とされています。視力が0.3未満といっても，どんなに目を近づけても対象を視認することができない（盲），目を近づけたり，拡大したりすることで対象を視認することができる（弱視）など，一人一人状態が異なります。また，視力以外では視野が狭い，まぶしさを感じやすいなど，さまざまな状態があります。見え方には個人差がありますが，いずれにおいても視覚から入手できる情報が著しく制限されることになります。では，視覚障害児は，教科学習においてどのような学習困難が生じるでしょうか。

　赤ちゃんは，手の届かないところにある玩具をみつけると，ハイハイして近付き，手に取ってみたり，口に入れたりします。視覚的な刺激は，子どもの「なんだろう！」という興味・関心を喚起し，外界へ働きかける契機となっていると言えます。視覚障害児においては，触覚や聴覚などの感覚によって外界に興味をもてるような環境整備や支援がなされなければ，外界への働きかけが不足しやすくなります。能動的に外界に働きかけ，そこから何かを

得ようとする積極的な態度が育っていなければ，教科学習で求められる「見方・考え方」を働かせることは難しくなります。

　また，見る体験は，イメージや概念の形成に大きな影響を与えます。見る体験が不足しやすい視覚障害児は，言葉を機械的に覚えていることや，言葉の背景にある意味を理解できていないことが多くあります。例えば，「ヒマワリの花が元気に咲いている」と，見て知っているように話していることがあります。しかし，実際には「ヒマワリの花」はどんな花か，「元気に咲いている」とはどんな状態かなどのイメージが曖昧な可能性があります。植物を種から育て，日が経つにつれて葉や茎，蕾が大きくなる様子，花が咲いて枯れるまでの様子を触りながら観察した経験が一度でもあると，その経験を基にして，言葉から実際の様子をイメージしやすくなります。このように体験を取り入れ，表面的に言えるだけでなく，言葉による見方・考え方を働かせることができるよう目指す必要があります。

　視覚障害児にとって「触覚」は，重要な情報源となります。触ることで直接的な経験を増やしながら，言葉で具体的な情報を伝えることで，豊かな概念やイメージの獲得を促していきます。手指を「思考の道具」として用いることができるような，触り方の指導も重要です。一方で，触覚は，「直接触ることでしか情報が得られない」ことに留意が必要です。遠方にあって触れないもの（例：天体），触ると危険なものや壊れてしまうもの（例：火，しゃぼん玉），気体や実体のないもの（例：雲，光）などは，直接触ることができないため，イメージや概念の形成が難しくなります。そのため，模型を活用する，対話によりイメージを膨らませるなどの工夫が必要になります。また，触覚は，「全体像を把握しにくい」ことにも留意が必要です。一度に触ることができる範囲が狭いため，情報が部分的・断片的になりやすい傾向があります。順次入ってくる断片的な情報を頭の中でつないで，全体のイメージをつくる必要があります。

　以上のような視覚障害児の特徴から，教科学習における困難さにつながる背景を理解したうえで，「見方・考え方」を働かせる教材開発と授業づくり

を検討する必要があります。

2　視覚障害のある子の「見方・考え方」を働かせる教材開発と授業づくり

　視覚障害児における教科学習では，音声でのやり取りで知識を増やしていくとともに，視覚情報の不足を補う体験を取り入れることが大切になります。ただし，視覚に障害のない子どもたちが日常生活で見ているすべてを体験することは現実的に困難です。そのため，体験したことを基にして，その体験の枠組みからみた新たな情報を理解することができるような「核になる体験」（香川，2016）が重要になります。ここでは，理科の生物の観察と算数科の立体図形の授業実践例を紹介します。

　理科の見方・考え方を働かせるための学習活動として，実験や観察を通して，比較することが挙げられます。視覚障害児は，視覚以外の感覚を活用することで，主体的に実験や観察をすることができます。魚の外形の観察を例に考えてみましょう。視覚障害児は，魚について味覚を通して名前（マグロなど）を知っているだけの場合があります。食事では，食べやすいように切り身や，骨が抜かれてほぐされた状態で提供されることが多くなってしまいます。水族館に行っても，水槽の中を泳ぐ魚の様子を見ることは困難です。生活のなかで魚の外形を知る機会がほとんどないと言えます。そこで，触って観察する「触察」が重要になります。まずは，魚の基本的な形と言えるアジなどを一種類選び，時間をかけて，頭から尾までの外形，エラ，ヒレなどの細部を丁寧に触察します。魚の形や身体の仕組みを知り，そこから泳ぐ姿のイメージを頭の中に作ります。その後，別の種類の魚の触察を行います。

最初に触った魚と比較し，魚に共通する身体の仕組みの特徴，魚の種類により異なる特徴（トビウオはヒレが大きい，カレイは身体が平たいなど）を考えさせます。子どもが触察している際に，「ヒレの位置や数」「胸ビレの大きさ」などの問いを投げかけ，対話しながら思考を深めていくように授業を進めていくことが求められます。さらに，生活科，理科，社会科，家庭科などで，魚の生態，産地，調理方法などを取り扱い，総合的な学習をすることで，知識や理解が深まります。

　次に，算数科の立体図形の学習を例に挙げます。視覚障害児は，さまざまな図形を日常的に見る経験が少なく，形や立体の概念のイメージが形成されていないことがあります。身の回りのものには上下や前後，形に違いがあることを体験的に気付き，図形の「見方・考え方」を働かせます。はじめは直感的に把握しやすい基本的な立体（例：円柱）と，身の周りの具体物（例：空き缶，コップ，水筒，ラップの芯）を対応付けながら，その立体のイメージを深めていきます。次に，二種類以上の相似形の立体を用意し，それらを分類させる具体的な操作を通して，「大きさが違っていても同じ形である」という気付きを促していきます。このとき，むやみに触るのではなく，片手や指で基準点をとり，そこを原点として広がりや位置関係，形を詳しく観察します。さらに「机と接している面はどんな形？」など，立体と平面の関係性への気付きなど，学習目標に応じて理解を深めるような問いを投げかけることも重要です。形や立体の概念のイメージが形成されることで，他の教科で触覚を活用した学習がより効果的になります。例えば，社会科で前方後円墳の模型を触ったとき，これまで触ったことのある「〜みたい」な形だとイメージが深まります。

　以上のように視覚障害児は，単に教科書を読み上げて聞かせるだけでは理解が深まらず，触覚などを活用して体験を補いながら，教科の本質をふまえた「見方・考え方」を働かせる授業づくりが必要です。

【文献】香川邦生（2016）五訂版　視覚障害教育に携わるかたのために．慶應義塾大学出版会．

3 聴覚障害による学習困難と 見方・考え方

1 聴覚障害の特性と教科学習における困難

　聴覚障害とは，身の回りの音や話し言葉が聞こえにくかったり，ほとんど聞こえなかったりすることで，生活や学習に制限を受ける状態を言います。特別支援学校の対象となる聴覚障害の程度としては，「両耳の聴力レベルがおおむね60dB 以上のもののうち，補聴器等の使用によっても通常の話声を解することが不可能又は著しく困難な程度のもの」（学校教育法施行令第22条３）とされています。dB（デシベル）というのは音の大きさを表す単位です。聴力レベルが60dB の人は60dB 以上の大きな音（普通の会話音が約60dB）でなければ聞こえないことになり，数値が大きいほど障害の程度が重くなることを意味します。聴覚障害児は，補聴器や人工内耳といった補聴機器によって，音声入力がある程度補償されたとしても，聴児と同様の聞こえにはなりません。聴覚から得られる情報の量や質に制限が生じることになります。では，聴覚障害児は，教科学習においてどのような学習困難が生じるでしょうか。

　子どもは，他者と気持ちを共有する経験の中で，「楽しいね」「悲しかったね」などの心情を表す言葉が豊かになっていきます。聴覚障害児は，音声によるコミュニケーションだけでは，曖昧な状況のなかで相手の気持ちや意図が「わかる」経験が乏しくなってしまいます。このような状況が続くと，相手のことを知りたい・相手に伝えたいというコミュニケーション意欲が低下してしまう恐れがあります。そのため，音声だけでなく，手話や身振りなど，その子がわかるコミュニケーションの積み重ねが非常に重要になります。た

だし，単に手話で伝えればよいわけではありません。聴覚障害児の中には，指示されたことは理解できても，話し手の気持ちや意図を理解できない子どもが多くみられます。聴覚障害児とのやり取りを成立させるために，教師は指示的な言葉かけが多くなりやすい傾向があります。それでは，たとえ手話を用いていたとしても，言葉の「見方・考え方」の土台となる豊かなコミュニケーションは育まれていきません。

　聴覚障害児の特性を考えるうえで，情報入手の特徴を理解しておく必要があります。聴覚情報は，見えない場所からでも耳に入ってきます。聴児は，対象に注意を向けていなくとも，周囲で話される言葉を聞くことを通じて，偶発的な学習をしています。一方で，視覚情報は，そこに自ら注意を向けなければ得ることができません。聴覚障害児は，対象を見ていないときは，情報を十分に得ることができません。大多数の人が音声で話す環境では，聴覚障害児は，言葉や，言葉に結び付く，イメージを形成するための経験の機会が少なくなってしまいます。このように視覚的な体験の比重が大きい聴覚障害児にとって，視覚的に対象や行為を示しにくい抽象的な言葉や，生活と関連が薄い言葉は，特に獲得が難しいとされています。また，聴覚障害児は，単語一つ一つは知っていても，理解している意味の広がりが狭いという特徴があります。例えば，「空が晴れる」という表現は理解できても，「気が晴れる」という比喩表現は理解しにくいことがあります。

　言語発達は，抽象的思考力に深く関与し，教科学習にも大きく影響します。たとえば，理科で考えると，植物を観察して各名称や働きを知るという直接的・具体的な学習は取り組みやすいです。一方で，光と音，力と圧力，電流のような目には見えないものを説明によって理解するような間接的・抽象的な学習には，難しさがあります。教育活動のなかでさまざまな角度から言葉を扱い，「言葉について考える」「言葉を使って考える」ことを習慣化していくことが求められます。以上のような聴覚障害児の特徴から，教科学習における困難さにつながる背景を理解したうえで，「見方・考え方」を働かせる教材開発と授業づくりを検討する必要があります。

聴覚障害児教育においては，国語科の授業で言葉の理解と言葉による表現を支えるイメージ（想像力）を育成し，言葉の「見方・考え方」を働かせる教材開発と授業づくりが，小学部から高等部まで一貫して取り組まれています。ここでは，「聞くこと・話すこと」と「読むこと」の見方・考え方を働かせる授業実践例を紹介します。

まず，「聞くこと・話すこと」についてです。聴覚障害児は，自分で体験したことを話したり，他者が体験したことを聞いたりして，言葉によって理解を深めていけるようになるためには丁寧な積み重ねが必要になります。まずは，クラスの子どもたちが共通して経験したことがあるような日常の出来事を話題として取りあげ，子ども自身が経験したことを言葉で表し，他者と共有する機会を設けます。聴覚障害児は，「はじめに〜をしました。次に〜をしました。」と簡単な文で出来事を羅列することは，ある程度容易にできます。しかし，そのときの心情や因果関係など，一連の行為のなかから重要な出来事を抽出し，意味付けていくことが難しい場合があります。そこで，「楽しかった」「悔しかった」など気持ちが動いた出来事，子どものなかで特に印象に残っていることを，教師が問いかけながら，詳しく掘り下げていきます。これにより，今，目の前にない過去に経験したこと，未来のことについて語る力が育まれていきます。

聴覚障害児同士の会話では，音声だけでは十分に伝わりません。また，手話で会話をするときは，視線を合わせてから話すなどの基本的な作法があります。ところが，聴覚障害児のクラスを覗くと，友達が下を向いていても，おかまいなしに手話で発表しているような

どんな気持ちだった？
どうして〜したの？

悔しかった！
だから
練習した！

場面に出くわすことがあります。友達に伝えたいという気持ちが弱く，単なる原稿の読み上げになってしまっています。そこで，まずは教師がモデルを示し，子ども自身に自分がわかるとき，わからないときはどんな伝え方をしているのかを意識させます。そして，子どもの実態に応じて，「友達が見ていないときはどうする？」「友達の話がわからなかったときはどうする？」「この内容はどんな手話表現だとわかりやすくなるかな？」などと問いかけ，考えさせます。また，子どもが発表している様子を撮影し，その映像を視聴して振り返ることで，友達の話し方と自分の話し方を比べ，どんなふうに伝えるとわかりやすいか，話し合いをさせることもよいでしょう。そして，友達の話を聞いてわかる，自分の話がわかってもらえることを，確かに実感できる経験が必要です。

　次に，「読むこと」についてです。低学年の聴覚障害児には，まずは文章で書かれた内容を体験的にイメージして理解させることが求められます。聴覚障害児にとって読み取りが難しい①擬態語の表現，②受け身文を例に考えてみましょう。①擬態語：例えば，「せかせか歩く」は，どんな様子かなと，子どもたちに一人一人演じさせます。お互いの歩き方を見て，同じところ，違うところを発表させます。また，「どうしてせかせか歩いていたのかな？」「どんなときにせかせか歩く？」と，理解を深める問いかけをしていきます。②受け身文：例えば，『おおきなかぶ』で，子どもたちがおじいさん役・おばあさん役になり，かぶをひっぱる演技をします。そのときにおばあさん役の視点では「おばあさんがおじいさんをひっぱって」，おじいさん役の視点では「おじいさんはおばあさんにひっぱられて」と，動作と言葉を対応させて理解を促します。授業時だけでなく，「お土産をあげた／もらった」など，日常での体験を言語化していくことも重要です。

　以上のように，確かにわかる経験を核として習得した言葉の「見方・考え方」は，各教科の「見方・考え方」を働かせる土台となります。

4 病弱による学習困難と 見方・考え方

1 病気の子どもの特性と教科学習における困難

　重い心臓病の子どもや，重度の喘息を抱える子どもなど，入院を必要としない子どものなかにも学習指導において配慮しなければならない子どもはたくさんいます。こうした病気の子どもは知的障害特別支援学校にもいますが，重い病気を抱える子どもは教科学習においてどのような困難をもっているでしょうか。

　この点について，多くの教師がまず思いつくことは，「経験不足」による学習困難だと思います。すなわち，病気が重く，幼少期から他の子どもと同じように遊べなかったり，外出ができないことで，教科学習を進めていくうえで基本となる社会経験や体験活動が他の子どもと比べると圧倒的に少ないことで，学習内容が理解できなくなることがあるということです。

　たとえば，幼稚園や保育園で公園の砂場で山を作り，そこに水を流して遊んだことのある子どもは多いと思います。親の目からみると，こうした遊びはただの「どろんこ遊び」にしかみえないかもしれませんが，こうした体験は理科の学習につながる「見方・考え方」を働かせる重要な基盤となります。

　具体的には，砂に水が多く含まれたらどのような状態になるのか，その泥は日差しの当たる環境のなかに置いておいたらどうなるのか，水を含んだ砂で固めた山は，水分が含んでいない山よりもトンネルを掘りやすいことなど，子どもは，どろんこ遊びを通してさまざまな体験をします。こうした体験をしている子どもは，理科の学習のなかで，「太陽が当たる場で，泥は乾燥していく」という理科的な「見方」ができるようになります。

一方で，重い病気を抱えている子どもは，幼少期にこうした基礎的な体験をすることが十分にできないでいることが多くあります。たとえば，重い心臓病の子どもや喘息の子どもは，寒い冬の日に外で遊ぶことを控えたりすることが多く，経験不足が生じ，これが巡って教科学習における「見方・考え方」を働かせることの難しさへとつながっていきます。

2 病気の子どもの「見方・考え方」を働かせる教材開発と授業づくり

　こうした病気の子どもの学習困難は，知的障害児の経験不足とは異なる点があります。すなわち，知的障害児は，一度経験しただけでは，十分に理解することができず，何度も繰り返し経験する必要があるので，「経験」を具体的にたくさんする必要があります。一方，重い病気の子どもは，他の子どもが普通に経験していることを，本当に「一度も経験していない」こともあります。

　そのため，重い物を持ち上げてみるという経験がない子どもは，「重さ」のイメージが十分にもてていないので，見た目や表記に左右されてしまいます。たとえば，5 kg の米と500g のレタスを見比べたときに，単位を考えず，数字だけを見て500g のほうが重いような気になってしまうなど，持ったことのある人であれば，間違えることがあまりないような解答を出してしまうこともあります。

　こうした「経験不足」のある子どもには，実際にいろいろな物を持って重さを実感することを授業のなかに取り入れていくだけでなく，「重さ」についての「見方・考え方」を働かせることができるような教材と授業展開が必

要になります。

　重さの学習を例にすると，5kgの米と500gのレタスを表記された重さの数字だけを見て考えるのではなく，天秤を使って「重さ比べ」をするなど教材を工夫することが考えられます。もちろん，1kgは1000gであるという数学的な知識をもってどちらが重いかを判断することはできますが，「重さ」というものは，実際に持ってみて，比較する体験をもとに考えることが大切です。こうした体験をふまえて，「kg」と「g」の間には，大きな差があるという「見方」や「考え方」ができるように授業を展開することが求められます。

　もちろん，上記のような授業展開の工夫は知的障害児にも必要です。知的障害児は抽象化して捉えることが苦手であるので，物を持ったときに「物」に注目してしまい，「重さ」に着目することが難しいことが考えられます。これは，重い病気の子どもが，経験不足から物体を「見かけ」や「表記」に着目してしまい，その奥にある物体の重さを想像することが難しいことと似た学習困難であるとも言えます。そのため，天秤を使って学習することは知的障害児にも病気の子どもにも共通して有効な指導方法だと考えます。

　いずれにしても，教科学習の内容を単に「教える」というだけでは理解が深まらないことが多くあります。こうした子どもに対し，体験を補いながら，学習内容の本質について，「見方・考え方」を働かせる工夫をしていくことが必要です。

知的障害児は繰り返し学習するなかで本質を理解していきます。

病気の重い子どもはそもそも経験が不足しているので，それを補う体験が必要です。

3 自信をもって，試行錯誤できる学びの展開

　病気の子どもの「見方・考え方」について，もう一つ別の視点から実践課題を挙げるとしたら，学習における「受け身」や「自信のなさ」が根付いている可能性があるということです。

　これは，重い病気を抱える子どもは，周囲の援助が得られやすく，「できないことは周りの人がやってくれる」という経験をたくさんしていることから生じることだと考えます。もちろん，病気の子どもにとっては，こうした支援は安心して日常生活を送るうえではとても重要なことですので，周囲から支援を受けられる環境をつくることが悪いわけではありません。

　しかし，学習指導においても「できないことは周りの人がやってくれる」という状況が続くと，各教科の「見方・考え方」を働かせることに支障が出るかもしれません。そして，このことは，アクティブ・ラーニングが重視される現代において，特に影響が大きくなります。

　たとえば，前項で例示した天秤で重さを比べる学習をするように教材や授業展開を工夫しても，自分から手を伸ばすことなく，「誰かがやっている様子を見ている」だけであったら，「重さ」に関する「見方・考え方」が十分に働くようにならないかもしれません。むしろ，手を伸ばし，自分なりにいろいろとやってみて，時には失敗し，試行錯誤しながら，「そうか！」「そういうことか！」と実感するような学びをすることで，はじめて教科の「見方・考え方」が働くようになります。

　以上のように，重い病気を抱える子どもには，「見方・考え方」を働かせることができるような教材や授業展開だけでなく，さまざまなことに興味をもち，自信をもって，試行錯誤することができるように学習指導を進めることが重要です。

5 肢体不自由による学習困難と
見方・考え方

1　肢体不自由のある子の特性と教科学習における困難

　肢体不自由特別支援学校には，肢体不自由のみの子ども（単一障害）もいれば，知的障害や感覚障害など種々の障害を重複する子ども（重複障害）も多く在籍しています。こうした単一障害や重複障害のある肢体不自由児は，教科学習においてどのような学習困難があるのでしょうか。

　まず単一障害のある肢体不自由児は，大きく分けて上肢障害と下肢障害による学習困難が想定されます。上肢障害のある肢体不自由児は，主として手指を使った微細運動や姿勢の保持・変換の困難さがあります。たとえば，文字を書くのに時間がかかったり，音楽科の楽器演奏や家庭科の裁縫などの細かな作業が難しかったりします。また，体幹の麻痺があると，姿勢の保持や首をスムーズに動かすことが困難で，板書の書き写しやキャッチボールなどの目と手の協応動作が困難になります。この他，口や舌など発声発語器官に麻痺があると発話の明瞭度が下がり，話し言葉が相手に上手く伝わらず，コミュニケーション意欲の低下につながる恐れがあります。

　下肢障害のある肢体不自由児は，体育科における粗大運動の困難さだけでなく，移動範囲や活動範囲が制限されることで感覚を通して学ぶ実体験が少ないことがよくあります。そうすると，言葉を聞いたことはあっても意味をよくわかっていなかったり，概念の理解が曖昧で文脈にそぐわない言葉を使ったりする様子がみられます。また，着替えや排泄など日常的に介助を必要とする場面が多く，大人との受け身なやりとりはあっても，子ども同士で遊ぶ機会が少なくなりがちです。そうすると，友達と遊びを通して学びを深め

たり，自分の意見や考えを伝え合ったりする経験が不足し，「見方・考え方」
を働かせる機会が少なくなる可能性があります。

　一方，近年の肢体不自由特別支援学校は，単一障害の子どもは少なく，重
複障害のある子どもが大半を占めています。重複する障害とその程度は個々
で異なりますが，肢体不自由児の起因疾患として最も多い脳性まひ児は，こ
れまで述べてきた知的障害とともに，視覚障害や聴覚障害，視覚認知の障害
などを伴う場合があります。

　たとえば，上肢障害と視覚障害が重複している子どもの場合，文字を書く
ときに書字動作の困難さに加え，位置や形の捉えにくさが生じて運筆動作が
より難しくなるなど，複数の障害が重複することで困難さが追加・増幅され
ます。そのため，重複障害のある子どもの教科学習においては，一つ一つの
障害によって生じる学習困難は何か，重複することで新たに生じる学習困難
はあるか，を把握することが重要になります。視覚障害と聴覚障害による学
習困難は第7章の2・3にまとめましたので，ここでは視覚認知の障害によ
る学習困難を述べます。

　視覚認知の障害としては，図と地の知覚困難が挙げられます。図と地とは，
日本の国旗でいうと赤い丸が「図」で，背景の白が「地」，スイスの国旗で
いうと白十字が「図」で背景の赤が「地」に相当します。視覚認知の障害が
あると，図と地の区別が上手くできず，たとえ視力に問題がなかったとして
も「みえにくさ・捉えにくさ」が
生じます。

　具体的には，社会科で地図から
目的の記号を探し出せない，理科
でグラフや天気図から必要な情報
を読み取れない，音楽科で楽譜か
ら音符を読み取れない，などの学
習困難が生じます。視覚認知の障
害は周囲から気付かれにくく，本

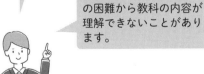

肢体不自由の子どもの困難は，身体の動きだけではありません。

運動経験の不足や見え方の困難から教科の内容が理解できないことがあります。

人もみえにくさを自覚していない場合が多いため，視覚情報を上手く抽出できなくて考えられないのか，みえてはいても「見方・考え方」を働かせて考えられないのか，の判断が難しくなります。そのため，視覚情報をもとに「見方・考え方」を働かせる授業を行う際は，どこにつまずきが生じているのか，子どもの様子を注意深く観察し，適切な配慮・支援を行ったうえで教材開発と授業づくりをすることが大切です。

2 肢体不自由のある子の「見方・考え方」を働かせる教材開発と授業づくり

　ここでは，算数科・数学科の「見方・考え方」を働かせる教材開発と授業づくりを取り上げ，単一障害と重複障害の授業実践例を紹介します。

　まず，単一障害で知的障害がない肢体不自由児の場合は，小・中学校等に準じた教育課程を編成することが多いですが，知的障害がないからといって，単に小・中学生と同様の学習を行えばよいかというとそうとは限りません。

　たとえば，上肢障害がある肢体不自由児は，幼児期から物を操作したり玩具で遊んだりした経験が少なく，頭のなかで具体物をイメージして考えるのが難しいことがあります。そのため，「数と計算」「データの活用」などの領域を学ぶ際は，大きさ・色・形などが異なる複数の具体物を扱う機会を増やすとともに，具体物を子どもが扱いやすい大きさにして，手指の操作をしやすい姿勢づくりをするなどの配慮も必要になります。

　このような肢体不自由児の障害特性に応じた配慮をしたうえで，算数科・数学科の「見方・考え方」を働かせる授業展開を考えていきます。お金を用いた「数のまとまり」の学習を例にすると，10枚程度の1円玉であれば1枚ずつ数えられても，100枚程度の大きな数になると数えるのに時間がかかり，途中で何枚まで数えたか忘れてしまうなど，数え間違いが生じる恐れがあります。

　ここで，教師が「どうすれば早く正確にお金を数えられますか？」と問いかけたらどうなるでしょう。1円玉を10枚ずつ重ね10のまとまりを作り，同

じ高さのまとまりを作って足し算で計算するなど，数のまとまりや十の位に着目して数える子どもの姿が予想されます。あるいは，1円玉を机のうえに列を揃えて並べ，縦・横に何枚ずつあるかを数え，かけ算を使って数える子もいるかもしれません。そして，1枚ずつ数える方法も含めてどの方法が一番早く数えられるか実験して確か

めることで，「どの方法でも答えは同じだが，数のまとまりを作ることで大きな数でも手際よく数えられる」「かけ算は数のまとまりによって成り立っている」といった数学的な見方・考え方を働かせられるようになっていきます。

　次に，小学部1段階の「図形」の学習を例に，重複障害児（肢体不自由・知的障害・視覚認知の障害を重複する例）の授業づくりを考えていきます。第3章4で述べたように「図形」に関する見方・考え方を働かせるには，いろいろな形に触れてその特徴を実感するとともに，形を見比べて違うものであることを判別できるようにすることが重要です。

　重複障害のある肢体不自由児は，いろいろな形に触れて遊んできた経験が少ないだけでなく，知的障害により図形の概念理解が曖昧で，視覚認知の障害により視覚的に形を把握するのが難しいことが想定されます。そのため，いきなり図形の識別からはじめるのではなく，身の回りにあるいろいろな形のものに触れて遊ぶ体験を豊かにし，感覚的・体験的な理解を促すことからはじめるとよいでしょう。その際は，形の特徴を捉えやすいように「図形ごとに色分けする」「形をなぞるなど触覚を活用する」「辺や頂点を強調する」など，視覚認知の特性に配慮した教材開発が必要です。

　また，図形の共通点・違いに気付けるようにするためには，たとえば，丸

い球，四角い模型，円錐形の模型などさまざまな立体図形を用意して，「坂道を転がる形・転がらない形はどれ？」という実験的な遊びを通して探索的に仲間分けするとよいでしょう。そうすると，転がり方や図形の特徴にも目を向けるようになり，転がるもののなかにはいつでも転がるもの（球）と置き方によって転がる・転がらないもの（柱・錐）があり，「丸の形がある模型は転がる」ことに気付く子も出てくるかもしれません。そして，仲間分けの理由を立体図形の特徴から考えて説明することで，数学的な「見方・考え方」を働かせることができるようになっていきます。

おわりに

　特別支援教育に関する実践・研究では，障害特性をふまえてどのように支援や指導を提供していくかといった点が中心テーマとなることが多いのが現状です。もちろん，こうした点は不可欠のものであり，本書においても，第7章で，障害によって「見方・考え方」を働かせることが難しくなる背景について言及し，その困難の特徴や指導の方法について解説しました。

　しかし，それはあくまでも，教科を深く学ぶために必要なことだからであり，障害特性を把握できれば教科指導ができるというわけではありません。この点をふまえ，本書では，各教科の「見方・考え方」を働かせる授業を展開するために，教科を深く学ぶための教材開発と教科指導の方法を解説してきました。そして，そのなかで，教師は意図的な「問い」や「かかわり」を通して，子どもが「そうか，そういうことだったのか」といった納得感が得られる授業づくりをしていくことが大切であるということを述べてきました。

　ただし，教科学習は，教師から「教わる」のではなく，子どもが主体的・対話的に学ぶことが重要です。こうした実践を実現するためには，教師が常に「教科の本質」と「子どもの学びの過程」を意識して，授業を創り出していくことが求められます。これはテレビの制作で例えると，プロデューサーと司会者を兼ねているようなものであると言えるでしょう。今後，知的障害児教育をはじめ，特別支援教育において教科学習の重要性が高まるのであれば，プロデューサーの役割を果たす教師の質や役割はますます大きくなってくると考えます。

　その一方で，教育現場では，「働き方改革」が強く求められ，教師の仕事をできる限り，軽減していくことが要請されています。特に，知的障害児や発達障害児の教科指導においては，教科書に沿って指導していけばよいもの

ではないので，常に新しい授業を創造し続けるために，授業改善の方法を検討していく必要がある時代であるとも言えます。

　こうした状況のなかで，本書では，障害のある子どもたちの各教科の「見方・考え方」を働かせるための視点と教材を整理してまとめました。子どもの学びをプロデュースするのは，その子どもを担当する教師にしかできませんが，そのための情報が整理されて示されていれば，教師は楽しい授業を創ることに多くの労力を割くことができるようになると考えています。

　実際のところ，障害のある子どもの授業づくりに終わりはなく，常に改善を求められます。本書が子どもの学びを少しでも広げ，深まる一助となれば幸いです。

執筆者を代表して　新井　英靖

【編著者紹介】

新井　英靖（あらい　ひでやす）
茨城大学教育学部教授

【著者紹介】

茨城大学教育学部附属特別支援学校
（いばらきだいがくきょういくがくぶふぞくとくべつしえんがっこう）

【執筆者紹介】 ＊執筆順　＊執筆時

新井　英靖（茨城大学教育学部）　第1章～第4章・第6章・
　　　　　　　　　　　　　　　　第7章1・4
井口亜希子（茨城大学教育学部）　第7章2・3
石田　　修（茨城大学教育学部）　第7章5
大槻　真信（茨城大学教育学部附属特別支援学校）　第5章3
瀬谷　裕輔（茨城大学教育学部附属特別支援学校）　第5章1・2

特別支援教育サポートBOOKS

「見方・考え方」を働かせる特別支援教育の授業づくり

2024年2月初版第1刷刊　Ⓒ編著者　新　井　英　靖
　　　　　　　　著　者　茨城大学教育学部附属特別支援学校
　　　　　　　発行者　藤　原　光　政
　　　　　　　発行所　明治図書出版株式会社
　　　　　　　　　　　http://www.meijitosho.co.jp
　　　　　　　　　　　（企画）佐藤智恵（校正）nojico
　　　　　〒114-0023　東京都北区滝野川7-46-1
　　　　　振替00160-5-151318　電話03(5907)6703
　　　　　　　　ご注文窓口　電話03(5907)6668
＊検印省略　　　　組版所 広 研 印 刷 株 式 会 社

Printed in Japan　　　　　　ISBN978-4-18-301937-0
もれなくクーポンがもらえる！読者アンケートはこちらから